LIANNELLA LIVALDI LAUN

Das Arbeitsbuch zum Solarhoroskop

Standardwerke der Astrologie

Lianella Livaldi Laun

Das Arbeitsbuch zum Solarhoroskop

CHIRON VERLAG

ISBN 978-3-89997-290-0

Umschlag: Judith Machnow, Tübingen
Foto © depositphotos
Druck: SDL, Berlin

Zu beziehen über:
Chiron Verlag, Postfach 1250, D-72002 Tübingen
www.chironverlag.com

Inhalt

In Erinnerung an Walter Böer

Vorwort

Es sind 26 Jahre vergangen, seit mein erstes Buch über Solarhoroskope, *Das Solar in sieben Schritten,* erschienen ist. Die sieben Schritten dienten als Hilfe, um die komplizierte Solardeutung zu vereinfachen. Ich unterrichtete damals Astrologie in einer Klasse mit Schülern, die schon die Deutung von Radixhoroskopen gelernt hatten und sich intensiver mit den astrologischen Prognosemethoden befassen wollten. Ich schrieb das Buch mit dem Material von meinem Unterricht auf eine Weise, die gut verständlich für Lernenden war. Inzwischen sind aus sieben Schritten mehr geworden und ich gebe Seminare auch für Astrologen, die diese Technik vertiefen wollen. Ich verwende das Solar seit über 40 Jahre in meiner Praxis tagtäglich in Verbindung mit Transiten, Progressionen und astrologischen Zyklen. Ich bin vom Solarhoroskop begeistert und werde täglich darin bestätigt, dass es sich als unersetzliche Unterstützung bei der Vertiefung der Jahresanalyse erweist. Mit der Verbindung von Solarhoroskop und Transiten erziele ich immer sehr gute Ergebnisse und für viele Klienten ist ein Beratungstermin zum Jahreshoroskop eine feste Angewohnheit, mehrere begleite ich schon durch die verschiedenen Phasen ihres Lebens, von Jugend an bis in das reife Alter. Alte Astrologen behaupteten, dass das Solarhoroskop nur konkrete Ereignisse anzeigt; in meiner Erfahrung habe ich sehr oft festgestellt, dass auch die psychologischen und spirituellen Prozesse im Solar sichtbar sind. Ich schätze dieses Verfahren, weil ich die astrologische Deutung liebe. Das Solar ist ein vollständiges Horoskop, ich nehme mir gern Zeit, um die Kunst der Horoskopdeutung auch bei den Jahresthemen zu verwenden. Das Solar hat seine Regeln und die Technik muss gelernt werden. Wenn wir sie gut beherrschen, werden die wichtigsten Themen sofort erkannt und von den unwichtigen getrennt. Wichtig ist, dass die Geburtszeit stimmt, denn eine Abweichung der Geburtsstunde kann bei dem

Solaraszendent und bei den kardinalen Ecken eine Verschiebung verursachen, die die Deutung beeinträchtigen kann.

Dieses Arbeitsbuch soll eine Anregung für die Deutung der verschiedenen Faktoren im Solar sein. Es ist nicht möglich, im Detail alle Variationen, die sich bei der Deutung ergeben, zu erläutern. Das Endergebnis hängt von unserer Intuition und unserer Fähigkeit zur Assoziation ab und je öfter wir mit dieser Methode arbeiten, desto eher wird es möglich sein, sie vollständig zu erfassen und eine wertvolle und nützliche Deutung zu erzielen. Wie Sie bei der Beschreibung der Solar-Faktoren und der Aspekte im Jahreshoroskop feststellen werden, wiederholen sich einige Themen, z. B. Sonne im 12. Haus hat ähnlichen Motive wie ein Aszendent in den Fischen oder der Solar-AC im 12. Radixhaus. Wenn solche Deutungsmöglichkeiten in einem Solarhoroskop öfter vorkommen, haben wir schon einige Ausdrucksmöglichkeiten auf einem Silbertablett, die uns sicher in dem entsprechenden Solarjahr beschäftigen werden.

Das Jahreshoroskop: Wichtige Richtlinien

Das Jahreshoroskop, auch Solar genannt, basiert auf der Rückkehr der Sonne auf deren gradgenaue Stellung bei der Geburt. Die Stellung der Sonne im Solarhoroskop und der Radix-Sonne müssen identisch sein. Da der Tierkreis 360° enthält und die Sonne in einem Jahr auf ihrer scheinbaren Laufbahn 365 Tage braucht, um den diesen zu durchzuwandern, kann die genaue Rückkehr der Sonne entweder am Geburtstag oder auch einen Tag davor oder einen Tag danach erfolgen. Wenn die laufende Sonne auf die exakte Stellung der Geburt zurückkehrt, erfährt unsere Radix-Sonne einen Schub an Energie. Bei der Rückkehr der Sonne zu ihrer Stellung im Geburtshoroskop handelt sich um etwas Zyklisches: Die Sonne hat einen Jahresumlauf beendet und fängt einen neuen Zyklus mit dem aktuellen Geburtstag an. Zyklen sind in der Astrologie Wegweiser für das Ende einer Periode und den Beginn einer neuen Phase, die uns mit neuen Themen prägen wird.

Die Arbeit mit dem Solar soll nicht unabhängig von den aktuellen Transiten erfolgen, für einen Jahresüberblick gehören sie zusammen und beide müssen verknüpft und analysiert werden. Das Solar kann die Aussage der Transite verstärken und bestätigen, ein Jahr ohne wichtige Transite ist meistens eine Zeit ohne große Entwicklung und mit nur wenigen einprägenden Ereignissen.

Die Arbeit mit Solarhoroskopen in Verbindung mit Transiten ermöglicht eine umfassende Analyse der vergangenen, aktuellen und zukünftigen Trends. Denn anhand von vergangenen Solaren können wir auch Licht auf alte Erfahrungen werfen und diese besser verstehen und erfassen und sie mit den aktuellen Themen weiterverarbeiten. In der Praxis sollten Astrologen bei der Analyse der Jahresthemen mit dem Solar des Vorjahres anfangen, weil sich in dem aktuellen Jahreshoroskop noch Hinweise auf wichtige Prozesse befinden, die schon in dem vorigen Jahr angefangen haben. Die Übergangzeit zwischen dem alten Jahreshoroskop und dem aktuellen ist fließend und einige Klienten berichten, dass sie die Trends von dem neuen Solar schon zwei Monate vor ihrem Geburtstag spüren. Ich rate meinen Klienten, schon einen halben Monat vor dem Geburtstag zu kommen, weil das alte Solar noch wirkungsvoll ist, und gleichzeitig nehmen wir schon die Themen des kommenden Solars wahr.

Besonders beim Solar ist, dass die Transite der langsamen Planeten zur Sonne lange dauern und sie erscheinen auch im Jahreshoroskop als Aspekte zur Sonne. Mehrere Jahre sind sie in Solarhoroskopen zu finden, jedes Jahr sind sie jedoch in anderen Häusern präsent und beleben die Themen der entsprechenden Solarhäuser – und nicht nur die Häuser, die im Geburtshoroskop von einem Transit berührt werden. Die Deutung wird umfassender und entwickelt sich Jahr für Jahr während der Dauer des Transits.

Auch die Transite der schnellen Planeten zur Sonne gewinnen an Gewicht: Sie haben eine Wirkung von Geburtstag zu Geburtstag. So haben wir genug Zeit, um sie zu verinnerlichen. Eine Konjunktion von Sonne und Venus dauert in ihrer Auswirkung nicht nur ein paar Tage, sondern sie erfreut uns ein Jahr lang. Wir bekommen die Chance, uns mit der Energie des Planeten im Transit und des Aspekts auseinanderzusetzen, sie zu vertiefen und zu erfassen, in welchen verschiedenen Sektoren die Auswirkung z. B. von Venus Konjunktion Sonne wahrgenommen wird.

Wir haben die Möglichkeit, uns jedes Jahr in die Eigenschaften von einem Aszendenten einzufühlen, der sich von unserem im Radixhoroskop unterscheidet. Dazu kommt die Platzierung der Sonne in einem neuen astrologischen Feld, und so machen wir Erfahrungen, die uns nicht vertraut sind, weil in unserem Geburtshoroskop manche Häuser nicht besetzt sind. Wir sind in der Lage, durch das Ausleben des Solars bewusst das ganze Spektrum der astrologischen Energien kennenzulernen und zu erfahren. Besondere Aufmerksamkeit verlangen die Planeten in Aspekt zu dem AC, die

Konjunktion ist am stärksten. Ein Planet in Konjunktion zu dem Aszendenten färbt mit seiner Energie das ganze Jahr und provoziert Ereignisse, seine Energie ist unmittelbar und bemerkbar. Aber wichtig ist zu unterscheiden zwischen der Konjunktion eines Planeten zu dem AC im Solar und dem Transit von diesem Planeten auf den AC im Radixhoroskop. Pluto in Konjunktion zu dem Solar-AC hat nicht die gleich starke Kraft wie Pluto als Transit zu unserem Aszendenten, der mehrere Jahre andauert und uns auf eine sehr tief greifende Art beeinflusst. Im Solar bleibt Pluto nur ein Jahr auf dieser Stelle, die Prozesse sind wenig kraftvoll und die Ereignisse beschäftigen uns nur zwölf Monate.

Wenn sich in einem Solarjahr der gleiche Aszendente wie im Geburtshoroskop ergibt und sich sogar die gleiche Hausstellung der Sonne wiederholt, ist dies ein sehr spezielles Jahr. Wir vertiefen, ergänzen oder vervollständigen die Qualität von unserem AC und von dem Sonnenhaus im Radixhoroskop. Ich betrachte ein solches Jahr wie eine Zeit der Neugeburt und der Erneuerung.

Neben dem Haus, in dem die Sonne steht, gibt es noch drei Häuser, die für das Solarjahr einprägend sind:

- Das Radix-Haus, in welches der Solar-Aszendent fällt. Dieses Feld wird belebt und entfaltet seine ursprüngliche Energie – es wird ein Leitmotiv für das Solarjahr.
- Das Solar-Haus, in dem der Herrscher des AC platziert ist ergänzt mit seinen Themen das Jahr, von Geburtstag zu Geburtstag. Nehmen wir an, im Solar ist der AC in Stier. Das Haus, in dem sich die Venus im Solar befindet, gibt uns Auskünfte über die Entfaltung des Einflusses von Venus. Ist Venus im 5. Feld platziert, werden uns in diesem Jahr eine neue Liebe oder die Geburt eines Kindes oder die Auseinandersetzung mit kreativen Betätigungen berühren.
- Das Haus im Solar, das stark besetzt ist oder ein Stellium enthält. Die Angelegenheiten, die mit diesem Feld zusammenhängen geben uns zusätzliche Informationen bei der Deutung.

Falls es bei der Beratung um berufliche Themen geht, sollten wir die Häuser einbeziehen, in denen der MC und dessen Herrscher stehen: Das Radix-Haus, in das der MC fällt, und das Haus im Solar, in dem der Herrscher des 10. Hauses platziert ist.

Die Häuser sind für die Deutung des Solars die Bühne, auf der die verschiedenen Szenen des Jahres sich zeigen. Sie sind für das Solarjahr die Bereiche, in denen sich die unterschiedlichen Ereignisse und Prozesse abspielen. Für mich ist selbstverständlich, das Solar für den Wohnort, an dem der Horoskopeigner die meiste Zeit verbringt, zu berechnen. Falls sich eine Person jedoch in einem Jahr aus verschiedenen Gründen für längere Zeit auch an einem anderen Ort aufhält, berechne ich ein weiteres Solar für den zweiten Ort. Ich bin jedes Jahr teils in Deutschland und teils in Italien, und es ist für mich immer spannend zu beobachten, wie sich unterschiedliche Schwerpunkte aus beiden Solaren ergeben.

Wenn wir ein Jahreshoroskop deuten, dürfen wir nicht vergessen, dass die Radix-Planeten und die Solar-Planeten Unterschiede aufweisen. Wir können z.B. dem Solar-Mond nicht die gleiche Bedeutung gewähren wie dem Radix-Mond.

Der Mond im Geburtshoroskop ist ein Teil von uns, von unserem Selbst. Er symbolisiert unsere seelische Tiefe mit allen Gefühlen, Emotionen, Erinnerungen, den unbewussten Mustern und die der familiären Veranlagung, die unsere Persönlichkeit beeinflussen und formen. Unser Mond steuert unsere instinktiven Reaktionen und er färbt unsere Emotionen. Er beeinflusst Gefühle, Empfindungen und Stimmungen, die nur uns allein gehören und für uns typisch sind. Wo der Mond im Geburtshoroskop platziert ist, dort liegen unser seelischer Kern und unsere intimsten Gedanken.

All das gehört nicht zu der Entsprechung des Mondes im Solar, denn er ändert seine Stellung jedes Jahr. Der Solar-Mond hat wenig mit unseren persönlichen Empfindungen und Gefühle zu tun und beeinflusst nicht die tiefen, persönlichen, seelischen Prozesse. Er zeigt vielmehr die Themen, die Bereiche und die Begegnungen, die uns im Lauf des Solarjahres gefühlsmäßig berühren und in uns emotionale Reaktionen hervorrufen. Die Besonderheit des Zeichens, des Hauses und der Aspekte des Solar-Mondes beschreiben die Art und Weise, wie wir auf äußere Reize emotional reagieren. Nur wenn der Solar-Mond Ähnlichkeiten zum Radix-Mond (Zeichen, Haus oder Aspekten) aufweist, werden wir eine spürbare Entwicklung auf tiefer seelischer Ebene empfinden.

Die schnellen Planeten sind im Solar nicht Persönlichkeitsanteile, sondern sie symbolisieren Situationen und Umstände oder die Art von Begegnungen, die wir in diesem Jahr machen.

Die langsamen Planeten bleiben mit ihren Eigenschaften und Auswirkungen wie im Geburtshoroskop oder wie bei den Transiten. Ihr Einfluss ist unpersönlich und wenn sie im Solar betont sind und eine wichtige Rolle spielen, verhalten sie sich wie die Transite.

Wenn wir Jahr für Jahr unsere Solarhoroskope berechnen und nachschauen, entdecken wir einen Rhythmus. Wohnen wir lange Zeit an einem Ort oder in den nahe liegenden Regionen, bemerken wir, dass das MC einige Jahre lang in den Zeichen der gleichen Qualität wandert – jedes Jahr steht die Himmelsmitte drei Zeichen der gleichen Qualität weiter. Nehmen wir an, 2018 sei das MC in Stier, 2019 in Löwen, 2020 in Skorpion und schließlich 2021 in Wassermann, dann wechselt es die Qualität von fix zu veränderlich und zu kardinal. Dieser Rhythmus kann zwischen 8 und 12 Jahre andauern. Jede Phase mit einer bestimmten Qualität als Brennpunkt markiert in unserer Entwicklung eine neue Erfahrungszeit.

Wichtig sind auch die *rückläufigen* Planeten Merkur, Venus und Mars. Wenn einer dieser drei Planeten im Solar rückläufig ist, sollten wir in dem betreffenden Jahr mit Personen und Situationen rechnen, die in unserem Leben wiederkehren. Noch eine mögliche Deutung für die rückläufige Planeten ist, dass wir noch über etwas Wichtiges nachdenken sollen, bevor wir eine Entscheidung treffen, oder wir beschäftigen uns nach einer langen Pause nochmals mit etwas aus der Vergangenheit.

Wenn im Solar ein Zyklus anfängt, z. B. Venus in Konjunktion mit Venus-Radix, entfaltet der Planet neue Energie.

Die Mondknoten spielen im Solar eine Rolle, wenn sie in Konjunktion zu einer Hauptachse sind. Bei AC/DC werden Themen von schicksalhafter Natur unsere Person, unser Umfeld und die wichtigen Verbindungen zu anderen Menschen betreffen, wichtige Begegnungen können sich ergeben. Bei MC/IC berührt die Thematik unseren Beruf, die Berufung, den Ruf aus seelischem Ursprung, die intime Sphäre. Wenn die Mondknotenachse sich in den gleichen Häusern wie im Geburtshoroskop befindet, liegt die Betonung erneut auf die Themen, die grundsätzlich losgelassen und denjenigen, die entwickelt und aktuell einbezogen werden sollen.

Besondere Aufmerksamkeit verdient ein Solarjahr, wenn eine Sonnenfinsternis vorhanden ist. Es ereignet sich selten, dass im Solar eine Eklipse der Sonne präsent ist; es passiert nur, wenn die Sonne-Wiederkehr in dem exakten Augenblick, in dem eine Sonnenfinsternis erfolgt, geschieht. Dieses Jahr wird durch besondere Ereignisse, die sehr markant und prägend sind, gekennzeichnet. Diese Geschehnisse sind von sichtbarer Natur, während wir bei einer Mondfinsternis eine Energie erleben, die mehr emotionaler Art sind, die Veränderungen finden in uns statt. Wenn eine Eklipse einen Planeten im Grundhoroskop berührt, wird dieser Planet aktiviert und in die Deutung von den Jahresthemen einbezogen.

Falls Lilith und Chiron dominant sind oder ihre Aspekte eine Verbindung zum Grundhoroskop aufweisen, lohnt es sich, sie in die Deutung einzubeziehen. Lilith hat mit Emanzipationsprozessen und Umbrüchen zu tun. Chiron zeigt Prozesse, die mit Heilung in jeder Hinsicht und mit wichtigen Lektionen des Lebens zusammenhängen.

Das Geburtshoroskop spiegelt unseren Charakter wieder und liefert uns Informationen über unsere Bedürfnisse, unsere typischen Reaktionsmuster, unsere Potenziale, über unsere Stärken und unsere Schwächen. Das Jahreshoroskop dagegen sagt uns nichts über den Charakter, es informiert uns über die Trends für die nächsten zwölf Monate. Dank der Erfahrungen, die wir in dem betreffenden Jahr erleben, kann sich unser Charakter entwickeln, verbessern und reifer werden. Damit wir eine richtige Analyse mit dem Solar erzielen können, müssen wir uns in das Radixhoroskop vertieft und die Persönlichkeit des Klienten verstanden und erfasst haben.

Die Verbindungen zwischen Solar und dem Radixhoroskop

akzentuieren die Jahresthemen. Neben die Aspekte der Sonne und den Aspekten zu den Hauptachsen müssen die Verbindungen der Solar-Planeten zu den Radix-Planeten einbezogen werden (Synastrie). Ich habe festgestellt, dass Konjunktionen die mächtigsten Aspekte sind, die die Energie zum Fließen bringen. Wenn eine Achse im Solarhoroskop auf einen Planeten im Geburtshoroskop trifft, wird die Energie dieses Planeten aktiviert. Fällt ein Solar-Planet auf einen energiegeladenen Winkel im Radixhorokop, z. B. ein T-Quadrat oder ein Stellium, wird die ganze Kraft dieser Struktur entfacht. Der Orbis sollte maximal 5° betragen.

Die Platzierung der Solar-Planeten in den Häusern von dem Geburtshoroskop bekommt eine wichtige Rolle bei der Deutung, wenn diese Häuser besetzt sind und die Radix-Planeten eine Konjunktion von einem Solar-Gestirnen empfangen. Ich deute dann die dann die Konjunktion zwischen den Planeten in Bezug auf das Haus-Radix. Auch wenn ein Planet des Solars über der Spitze eines Eckhauses steht, übernimmt das Haus eine größere Rolle in der Deutung. Merkur in Konjunktion zu dem IC kann bedeuten, dass für den Horoskopeigner wichtige Gespräche innerhalb der Familie oder Beratungen bezüglich seiner Immobilien bevorstehen.

Auch alle Wiederholungen zwischen Jahreshoroskop und Geburtshoroskop sind für das kommenden Jahr von großer Bedeutung, sie heben die aktuellen Themen hervor. Wiederholungen sind die Stellungen in den Zeichen oder in den Häusern, z.B. Mars in Solar in den Zwillingen und genauso im Geburtshoroskop. Nehmen wir an, im Geburtshoroskop bilden Jupiter und Mond ein Quadrat, im Solar verbinden sich diese zwei Gestirne wieder in einem Trigon. Unabhängig von dem astrologischen Aspekt, den sie bilden, betrachten wir diese Verbindung als Wiederholung. Wenn wir gewohnt sind, uns mit Mühe im Leben mit einem bestimmten Spannungsaspekt zu konfrontieren, und er wiederholt sich im Solar in einem Jahr mit einem Trigon oder einem Sextil, bekommen wir die Chance, besser und einfacher mit ihrem Einfluss umzugehen. Wiederholungen haben wir auch, wenn sich die Thematik von einem Transit im Solar als Thema wiederfindet: Geburt-Mars empfängt von Saturn eine Opposition, im Jahreshoroskop stehen Mars und Saturn in Aspekt zueinander.

Alles, was außerhalb dieser Regeln liegt, ist für das Solarjahr nicht von Bedeutung.

Da das Solarhoroskop nur in Verbindung mit dem Geburtshoroskop gedeutet werden kann, ist es mit den Lebensthemen sehr verbunden. Jedes Jahr können wir anhand von dieser Technik erfahren, welche Geburtsthemen bewusst werden und sich entfalten. Wir können das Solarhoroskop als Wegweiser unserer Entwicklung betrachten.

Die Schritte für die Deutung des Solarhoroskops

- In welchem Haus ist die Sonne platziert?
- Welche Aspekte empfängt die Sonne?
- Das Zeichen des Aszendenten
- In welchem Radix-Haus fällt der Solar-AC?
- In welchem Haus im Solar steht der Herrscher vom Solar-AC?
- Welche Planeten sind am AC dominant (oder am MC, DC, IC)?
- Welche Planeten bilden Verbindungen zu dem AC?
- Welches Haus ist voll besetzt im Solar?
- Die Zyklen
- Welche Wiederholungen ergeben sich zwischen der Radix und dem Solar?
- Die Aspekte zwischen Planeten und AC und MC zu den Radix-Planeten und Kardinalen Achsen
- In welche Häuser fallen die Solar-Planeten im Radixhoroskop?
- Die Stellung und die Aspekte des Mondes
- Die Qualität (fix, veränderlich, kardinal) des MC

Häufige Fragen von Klienten

Diese Richtlinien sind wirksamer in Zusammenhang mit der gleichzeitigen Deutung der Transite.

Beziehungen, Liebe, Begegnungen

Das Horoskop (Radix- oder Solarhoroskop) weist auf mehrere Faktoren, die in Zusammenhang mit der Liebe, mit der Freundschaft und mit unseren intimen Beziehungen stehen. Die Planeten Sonne und Mars sind archetypisch männliche Faktoren, während Mond und Venus die weiblichen Energien darstellen. Die Verbindungen zwischen der Sonne und dem Mond stehen für die Begegnung zwischen Mann und Frau[1] und können eine seelische Begegnung symbolisch darstellen. Die Aspekte zwischen Venus und Mars stehen auch für das Thema, sich zu verlieben, oftmals ist die Anziehung von einer starken sexuellen Qualität charakterisiert. Das 7. Haus und dessen Herrscher stehen in der Astrologie für die Bedürfnisse und die Wünsche, die wir bezüglich der Partnerschaft hegen. Sie zeigen auch den Charakter der Beziehung, die wir pflegen. Für freundschaftliche Partnerschaften sind das 11. Haus und dessen Herrscher zuständig. Liebesbeziehungen, kurze Affäre, Verliebtheit und Sex gehören zum 5. Haus. Die Mondknoten spielen eine Rolle bei den karmischen Verbindungen. Planeten am Südknoten können Beziehungen symbolisieren, die »alt« sind, vermutlich haben sich die beteiligten Personen in irgendwelcher Form von Verbindung schon in den vergangenen Leben kennengelernt. Planeten am Nordknoten finden ihren schicksalhaften Anfang in der aktuellen Inkarnation.

---

[1] Auch in homosexuellen Beziehungen verkörpert ein Partner das solare und ein Partner das lunare Prinzip.

Solarentsprechungen:

Dominante Planeten am Deszendenten bewegen einiges in Bezug auf Begegnungen und Partnerschaften, sie konfrontieren uns mit Ereignissen.

Planeten im 7 Haus im Solar deuten auf die Art von Beziehungen, die wir erleben.

Die Platzierung des Herrschers von DC in einem Solar-Haus zeigt die mögliche Kulisse für Begegnungen.

Wenn das DC-Solar in das 7. Haus des Geburtshoroskops fällt, werden Beziehungen das Jahr beeinflussen.

Wenn der Solar-AC in das 7. Haus des Geburtshoroskops fällt ist das Thema Partnerschaft angesagt, weil die Person für Begegnungen empfänglich wird.

Die Stellung von Venus im Solar ist markanter, wenn sich ihre Aspekte im Geburtshoroskop wiederholen oder wenn dieser Planet eine Verbindung zum Radixhoroskop hat.

Steht Venus in einer dominanten Stellung, am DC oder AC? Dann ist ihr Einfluss der stärkste des Solars.

Wenn Venus die gleiche Stellung (Haus und Zeichen) wie im Geburtshoroskop hat, vertiefen sich unsere Partnerschaftsthemen, wenn ein Zyklus von Venus anfängt, kann eine Begegnung stattfinden oder eine Beziehung beginnen.

Aspekte im Solar zwischen Venus und Jupiter sind als positiv für Verbindungen zu betrachten (besonders wenn sie sich im Geburtshoroskop wiederholen).

Schwierige Aspekte im Solar von Venus zu Mars, Saturn, Uranus, Neptun und Pluto oder ein Quadrat von Venus zu dem DC deuten auf Probleme im partnerschaftlichen Bereich (besonders wenn sie sich im Geburtshoroskop wiederholen).

Saturn im Solar auf dem DC kann sowohl eine Beziehung von Dauer (wenn die Aspekte harmonisch sind) oder eine Trennung (wenn viele Spannungen vorhanden sind) symbolisieren.

Ein Hinweis auf Unsicherheit zwischen einer alten und einer neuen Liebe wird angezeigt, wenn Venus rückläufig im Solar in Aspekt zur Sonne und zu Mars steht.

Wenn die Planeten im Solar in Konjunktion zu einem oder mehreren Planeten im Geburtshoroskop einer anderen Person stehen, wird das Jahr für die Beziehung zu diesem Menschen sehr bedeutend sein.

Venus/Mars-Aspekte im Solar weisen auf sexuelle Begegnungen hin

Wenn Venus im Solar in Konjunktion zu dem absteigenden Mondknoten steht kann dies eine Liebe aus der Vergangenheit zurückbringen. Venus in Konjunktion zu dem aufsteigenden Mondknoten kann ein Hinweis auf eine neue Beziehung sein.

Für Flirt, neue Begegnungen, Verliebtheit und sexuelle Begegnungen ist das 5. Haus im Solar zuständig: Stehen Planeten im 5. Haus? Haben sie eine Verbindung zum Geburtshoroskop? Welche Rolle spielt der Herrscher des 5. Hauses? Wenn der Solar-AC im 5. Radix-Haus steht, sind die Themen des 5. Feldes hervorgehoben.

Für Freundschaften sollten wir das 11. Haus analysieren: Planeten-Besetzung und Aspekte zum Geburtshoroskop, die Rolle von dem Herrscher des 11. Hauses. Wenn der AC-Solar im 11. Haus Radix, steht tut sich viel in dem Bereich der Freundschaften.

Beruf, Berufung, Verdienstmöglichkeiten

Um eine Analyse über die berufliche Lage oder die Berufung zu machen, werden sowohl im Geburtshoroskop als auch im Solarhoroskop, die Häuser zwei, sechs und zehn untersucht. Das 2. Haus liefert uns Informationen über die finanziellen und materiellen Angelegenheiten, über die Verdienstmöglichkeiten, die wir mit unseren Tätigkeiten erzielen. Es zeigt auch die Chance, aufgrund der Ausübung von unseren Talenten Geld verdienen zu können. Das 10. Haus symbolisiert das Streben nach Anerkennung und die Ziele bezüglich der Karriere. Es zeigt auch, ob wir in der Lage sind, eine gute Position zu erreichen. Dieses Haus ist aber auch mit unserer Berufung verbunden, jener Aktivität, die aus dem Herzen entspringt, aber nicht unbedingt als Beruf ausgeübt wird. Das sechste

Haus zeigt, wie wir täglich unsere Arbeit verrichten und die sich wiederholenden Aufgaben des Alltags. In diesem Haus spiegeln sie sich die Beziehungen zu den Kollegen und zu den Personen, die für uns arbeiten. Die Herrscher des 2., 6. und 10. Hauses geben uns weitere Auskünfte über das Thema Beruf, Berufung und Verdienstmöglichkeiten.

Solarentsprechungen:

Das Zeichen am MC und das Haus im Geburtshoroskop, in dem das Solar-Medium-Coeli platziert ist, zeigt die Umstände um unsere beruflichen Ambitionen. Die Planeten am MC oder im 10. Haus liefern Hinweise auf Ereignisse im Arbeitsumfeld und auf die Beziehungen mit den Vorgesetzten.

Der Herrscher des MC in dem Solar-Haus zeigt die Kulisse für das Erreichen der Ziele persönlicher, beruflicher und sozialer Natur.

Das 6. Haus und die Analyse der Planeten in diesem Haus und dessen Herrscher zeigt die Bedingungen des täglichen Arbeitslebens und die Beziehung zu den Angestellten.

Wenn der Herrscher von MC Spannungen im Solar aufweist, ist das Jahr im Beruf kompliziert. Harmonische Konstellationen dagegen helfen bei der Selbstverwirklichung.

Saturn am Solar-MC ist Anzeiger für mühsame und langsame Prozesse, es kann auch eine Kündigung symbolisieren.

Pluto und Uranus am MC sind Vorboten für Umwälzungen (Pluto), plötzliche Veränderungen (Uranus) oder Umkehrungen (Uranus), Konflikte und Mobbing an der Arbeitsstelle (Pluto).

Neptun am MC bringt Unsicherheiten, Desorientierung, Ziellosigkeit und die Gefahr, Opfer der Umstände zu werden.

Jupiter am MC wirkt günstig für die Angelegenheiten, die mit Karriere, Berufung, Ambitionen und persönliche Ziele zu tun haben.

Für Arbeitsverträge ist das 7. Haus im Solarhoroskop zuständig. Positive Aspekte von den Planeten im 7. Haus oder vom Herrscher des 7. Hauses zum MC begünstigen den Abschluss von Arbeitsverträgen. Spannungen bringen Verzögerungen oder Probleme..

Familienangelegenheiten

Der Mond ist der Planet, der uns astrologisch Auskünfte über die Gefühlsdinge, Kindheitserinnerungen und die Beziehung zu unserer Mutter und zu den Frauen in der Familie gibt. Die Sonne verdeutlicht die Beziehung zu dem Vater und zu den männlichen Vorbildern in der Familie. Die Analyse von dem 4. Haus und dessen Herrscher gibt Hinweise auf die Familientradition, das Familienklima, das Zuhause und die Erlebnisse in Zusammenhang mit der Kindheit und den familiären Bedingungen. Das 5. Haus und dessen Herrscher ist den Kindern zugeordnet und berichtet von den Beziehungen, die wir zu ihnen pflegen. Fragen zu Enkelkindern finden sich im Solar ebenfalls im 5. Haus. Möchten wir Informationen über Geschwister und Verwandte, dann ist das 3. Haus und dessen Herrscher zuständig.

Solarentsprechungen:

Für Themen bezüglich familiärer Angelegenheiten sind das 4. Haus und der Mond im Solar zuständig. Planeten im 4. Haus, der Herrscher von IC sowie Haus, Platzierung und Aspekte des Mondes zeigen wichtige Themen im Zusammenhang mit unserer Ursprungsfamilie oder mit der Familie im Erwachsenalter.

Das Haus im Geburtshoroskop, in dem der IC-Solar steht, wird in die Deutung von Familienangelegenheiten einbezogen.

Das Haus, in dem der Herrscher des 4. Hauses im Solar platziert ist, und seine Aspekte, zeigen Umstände, die mit Familie oder den Eltern zu tun haben.

Die Mond-Stellung und seine Aspekte sind mit emotionalen Themen verbunden, die unsere Familie betreffen.

Für die Beziehung zu den eigenen Kindern wird das 5. Haus und dessen Herrscher analysiert.

Schwierige Aspekte zu den Planeten im 5. Haus oder zu dessen Herrscher lassen Schwierigkeiten in der Beziehung zu den Kindern vermuten. Harmonische Aspekte dagegen zeigen ein positives Bild.

Wenn die Sonne im 4. Feld platziert ist, beschäftigen wir uns in diesem Jahr mit Erfahrungen und Ereignissen, die die Familie betreffen.

Geldangelegenheiten, Anschaffungen

Jupiter und Venus fördern die Angelegenheiten in Bezug auf Geld und materielle Güter. Ihre Aspekte verdeutlichen, wie das Geld fließt. Merkur steht für kaufmännische Fähigkeiten. Die Analyse des zweiten Feldes und dessen Herrscher geben uns Hinweise über die Grundsicherung, die Beziehung zu Geld und zum Besitz, Kapitalanlagen, Anschaffungen und Erwerbssinn. Für das Erwerben und den Verkauf von Immobilien ist das vierte Haus zuständig.

Solarentsprechungen:

Das 2. Haus mit seiner Planetenbesetzung gibt uns Auskünfte über Geld und Besitz. Die Natur der Planeten und ihre Aspekte zeigen materielle Erfolge oder mögliche Misserfolge mit dem Umgehen mit dem Geld und für die Entscheidungen im finanziellen Bereich.

Wenn die Sonne im 2. Haus steht oder der AC-Solar in das 2. Feld im Geburtshoroskop fällt, beschäftigen wir uns mit Finanzen und Besitztümern.

Das Haus, in dem der Herrscher vom 2. Haus steht, gibt Auskünfte über den Gebrauch von Geld in diesem Jahr.

Saturn im 2. Haus kann ein Jahr zeigen, in dem finanzielle Sorgen kommen, aber ein gut gestellter Saturn zeigt stabile finanzielle Verhältnisse.

Wenn Solarplaneten im 2. Haus im Geburtshoroskop positioniert sind und sie aktivieren mit einer Konjunktion die Radixplaneten, geben diese Informationen über die Entscheidungen, die wir bei den finanziellen Angelegenheiten treffen werden.

Das 8. Haus antwortet auf die Fragen über Kredite, Steuer und Darlehen.

Schwierige Aspekte von Venus oder von Jupiter können Verluste und große Ausgaben anzeigen, aber auch die Möglichkeit von Gewinnen, oder dass Geld fließt.

Für Kauf und Verkauf von Immobilien werden die Verhältnisse zwischen dem 2. Feld und dem 4. Feld betrachtet: Beide Herrscher im Aspekt zueinander oder die Planeten im 2. Haus bilden ein Sextil zu den Planeten im 4. Haus.

Wenn die Planeten im 4. Haus im Geburtshoroskop von Solar-Planeten aktiviert sind, fällt der Schwerpunkt auf die Angelegenheiten, die mit Heim und Immobilien zusammenhängen.

Reisen

Für die Reise sind die Planeten Jupiter und Merkur zuständig. Jupiter symbolisiert den Globetrotter, wenn Jupiter dominant ist, verspüren wir einen starken Drang nach fernen Orten und die Lust an Entdeckungen. Merkur ist der Planet der Bewegung und macht uns immer bereit, den Koffer zu packen und loszufahren, auch nur für ein paar Tage. Das 9. Haus ist das Haus der Fernreisen und der Beziehung zu Fremden. Es ist das Haus der Horizonterweiterung, Reisen dienen diesem Zweck. Im dritten Haus spielen sich kurze Ausflüge ab.

Solarentsprechungen

Der Solar-Aszendent in Schütze färbt das Jahr: Reisen sind möglich.

Der Solar-AC im 9. Haus im Geburtshoroskop setzt die Betonung auf die Möglichkeit, zu verreisen.

Jupiter dominant im Solar oder im 9. Haus platziert, erfüllt den Wunsch nach Reisen.

Ein gut besetztes 9. Haus ist ein Hinweis auf Fernreisen. Die Aspekte, die die Planeten bilden, erzählen uns etwas über die Qualität dieser Reisen.

Das 3. Haus ist für kurze Reisen zuständig. Reisen innerhalb unseres Lands z. B. Planeten im 3. Haus oder der Solar-AC im 3. Haus-Radix zeigen ein bewegtes Jahr.

Gesundheit

Ich beantworte grundsätzlich keine spezifischen Fragen zur Gesundheit. Astro-Medizin ist ein spezielles Gebiet, es erfordert medizinische Kenntnisse, die ich nicht besitze. Wenn im Allgemeinen nach dem Wohlbefinden gefragt wird, untersuche ich diese Faktoren: das 6. Haus als Feld der Krankheit und Gesundheit. Der Herrscher des 6. Hauss gibt weitere Hinweise zu dem Thema. Die Sonne steht für Vitalität. Mars ist der Planet, der dem Immunsystem zugeordnet wird. Der Mond symbolisiert die Gesundheit der Frau und die psychosomatischen Reaktionen. Der Aszendent steht für die körperliche Grundkonstitution.

Die Sonne als Lebensprinzip mit ihren Aspekten im Solar gibt uns Informationen über die Intensität der physischen Energie. Spannungsaspekte beeinträchtigen den Fluss der Lebenskraft. Neptun-Aspekte zur Sonne schwächen und Saturn-Aspekte verringen die Vitalität. Konjunktion, Sextil oder Trigon zur Sonne von Pluto fördern den Regenerationsprozess. Aspekte von Jupiter helfen zu genesen und Mars fügt Energie hinzu und stärkt das Immunsystem, die dynamischen Aspekte von dem roten Planeten zur Sonne verursachen Entzündungen. Bei Uranus ist das Nervensystem überreizt.

Solarentsprechungen:

Die Sonne im 6. Haus oder der AC-Solar Radix 6. Radix-Haus setzen den Akzent auf gesundheitliche Themen.

Sonne im 9. Haus oder AC-Solar im 9. Radix-Haus können die Beschäftigung, gleich ob als Patient oder als Heiler, mit Naturheilverfahren beeinflussen.

Sonne im 12. Haus oder AC-Solar im 12. Radix-Haus können einen Aufenthalt im Krankenhaus anzeigen.

Sonne im 8. Haus oder AC-Solar im Radix 8. Haus können chirurgische Eingriffe symbolisieren.

Die Stellung der Sonne im Solar

Die Lernaufgabe des Jahres

Die Sonne symbolisiert im Solarhoroskop unsere wahre Natur, unseren Lebenskern, unser Selbstbewusstsein. Sie verkörpert die Lebenskraft und ist für die Lebensgestaltung zuständig. Im Solarhoroskop ist die Sonne in ihrem Ausdruck identisch mit dem Geburtshoroskop, sie handelt von unserem Lebensprinzip. Jedes Jahr beschreibt die Sonne mit ihrer Stellung in einem Solarhaus und mit ihren Transiten, in welchem Bereich wir uns verwirklichen sollen, um den Individuationsprozess weiterzuführen. Unsere Gesundheit und unser Wohlbefinden hängen davon an, ob wir in diesem Solarjahr die Sonne-Bedürfnisse erfüllen. Wenn die Sonne-Energie eingeschränkt ist, reagieren wir mit psychosomatischen Beschwerden oder es kann ein Jahr werden, in dem wir unter depressiven Stimmungen leiden. Das Haus im Solar, in dem Sonne steht, zeigt, welche Themen dieses Jahr als Herausforderungen in Erscheinung treten.

Sonne im 1. Haus. Ohne fremde Hilfe erreichen wir unsere Vorhaben. Die Zeit ist reif, um unsere Projekte und Entschlüsse zu verwirklichen. Mit der Sonne in diesem Feld ist ein Neubeginn angesagt. Dieses Jahr ist das richtige, um Dinge zu tun, die unsere Persönlichkeit stärken und bereichern. Im Vordergrund stehen wir als Person und wir sollen weniger Zeit für die Bedürfnisse der anderen aufwenden. Eine gute Zeit für eine Image-Verbesserung. Wir verhalten uns selbstbewusster und sicherer.

Sonne im 2. Haus. Das Thema des Jahres hat mit unseren Finanzen und mit der Verwaltung, Pflege, mit Kauf oder Verkauf unserer Besitztümer zu tun. Die materielle Sicherheit rückt als Bedürfnis in den Vordergrund, deswegen ist die Zeit günstig, um unsere materielle Situation zu überprüfen und Ordnung in alle Angelegenheiten, die dazugehören, zu bringen. Wenn wir unsere Entscheidungen auf eine vorsichtige und gewichtige Weise treffen, laufen wir keine Gefahr, Verluste und falsche Schritte zu erleben. Das Motto des Jahres ist: Vorsicht walten lassen! Die Talente, die von dem Sonnenzeichen symbolisiert werden, können in diesem Jahr gepflegt, entwickelt oder ausgelebt werden. In diesem Solarjahr kann eine besondere Gabe oder ein Potenzial dazu verhelfen, Geld zu verdienen.

Sonne im 3. Haus. Der Schwerpunkt des Jahres wird der Austausch und die kommunikative Fähigkeit, die uns anspornen, besser in der Kommunikation von Ideen zu werden. Es kann sein, dass wir Kurse und Seminare besuchen werden: Rhetorikkurse, kreatives Schreiben usw. Umzüge und neue Bekanntschaften in der Nachbarschaft sind möglich. Auch die Beziehung zu Schwestern und Brüdern wird uns in diesem Jahr beschäftigen. Es wird ein bewegtes Jahr werden, mit einigen Ausflügen und nettem Plaudern in den Straßencafés. Für kleine Kinder ist eine Sonne im 3. Haus in ihrem Solarhoroskopen mit dem Eintritt in die Schule (die erste Klasse) oder Erlebnisse in der Schule verbunden.

Sonne im 4. Haus. Das Thema des Jahres betrifft alle Erfahrungen, die mit der Familie, mit dem Zuhause und mit der intimen Sphäre zusammenhängen. Es ist die günstige Zeit, um unsere »Fundamente« stabil werden zu lassen und Ordnung in das Intimleben zu bringen. Die innere Suche bringt uns in Kontakt mit unseren psychologischen Wurzeln und lässt alte Erinnerungen in dem Bewusstsein auftauchen. Wir werden die Möglichkeit bekommen, die alten Erfahrungen zu revidieren oder zu verarbeiten, deswegen kann die Entscheidung, eine Psychotherapie anzufangen die Richtige sein. Da das 4. Haus mit dem Ende aller Dinge zu tun hat, kann dieses Jahr zu dem Abschluss eines Vorhabens führen. Es ist möglich, dass ein Kapitel des Lebens abgeschlossen wird, etwas, das bis jetzt sehr privat und wichtig auf seelischer Ebene gewesen ist.

Sonne im 5. Haus. Alle Herzangelegenheiten werden eine besondere Betonung erfahren in diesem Jahr. Flirten und Leichtigkeit in der Liebeswerbung können uns eine Menge Spaß bereiten, wenn wir alles nicht zu ernst nehmen. Mit der Sonne in dem Haus der Affäre und der Sexualität ist es nicht ausgeschlossen, dass eine neue Person Gefühle in uns wachruft. Auch die Beziehungen zu unseren Kindern nehmen eine vorrangige Rolle ein. Kinder können unser Herz erobern. Wenn die Sonne harmonisch steht, ist eine Verbesserung der Beziehung zu unseren Kindern möglich, während herausfordernde Aspekte zu Streit und Unruhe führen. In diesem Jahr wird das Leben spielerisch erlebt und alles, was sich angenehm anfühlt, ist begünstigt.

Sonne im 6. Haus. In dieser Zeit müssen wir lernen, mit Einschränkungen und alltäglichen Ärgernissen umzugehen, ohne zu stark frustriert zu reagieren. Pflichten und Verantwortung schränken unsere Freiheit ein. Die Arbeit kann langweilig werden und wir machen uns Gedanken, etwas Neues anzufangen. Vor allem können die Personen, die für uns arbeiten, eine Quelle des Ärgers werden. Falls die Sonne harmonisch steht, können sich bei der Arbeit positive Veränderungen in der täglichen Routine ergeben, neue Kollegen oder eine neue Aufgabe könnte kommen. Mit der Sonne im Haus der Gesundheit kann sich das Interesse für alles zeigen, was zu einer gesunden Lebensführung beiträgt. Wir haben die Möglichkeit, die schlechten Angewohnheiten abzulegen. Eine gute Zeit für eine gesunde Diät und für sportliche Aktivitäten.

Sonne im 7. Haus. Die Aufmerksamkeit ist geweckt für Beziehungen jeglicher Art. Es ist eine gute Zeit, um unsere Partnerschaft zu beleben und zu pflegen. Wer noch in einer unverbindlichen Beziehung lebt, spürt das Bedürfnis, die Bindung mit einer Ehe oder mit einem Zusammenleben zu stabilisieren. Es ist wichtig, unser partnerschaftliches Leben einer Prüfung zu unterziehen und uns zu fragen, was falsch läuft. Nicht nur die Schwäche des Partners sollte angeschaut werden, sondern unser Verhalten unter die Lupe genommen werden. Die Fehler, die wir auf unserem gemeinsamen Weg begehen, sollten wir einsehen, damit wir bessere Partner werden können. Die Bindungen, die zu konflikthaft und schwierig geworden sind – falls es keine Möglichkeit mehr für den gemeinsamen Weg gibt –, können in diesem Jahr zu Ende gehen. Wenn die Sonne in Konflikt mit anderen Planeten steht, sind rechtliche und vertragliche Probleme möglich. Eine harmonische Sonne führt zu Erfolg in juristischen Angelegenheiten.

Sonne im 8. Haus. Falls die Sonne harmonisch gestellt ist und falls in der Familie die Möglichkeit besteht, kann eine Erbschaft oder ein Vermächtnis von Geld erfolgen. Bei disharmonischen Aspekten dagegen ist Streit wegen einer Erbschaft vorprogrammiert und die Enttäuschung wegen einem Nachlass kann bitter sein. Das Jahr könnte ein Krisenjahr werden, denn mit der Sonne im 8. Haus kann das Thema Verlust oder Tod eines Mitmenschen nicht ausgeschlossen werden. Aber der Tod kann natürlich auch symbolisch sein: Eine Periode, eine Beziehung oder eine Tätigkeit kann zu Ende gehen und eine Zeit der Transformation und Erneuerung folgt. Der Tod kann auch als Lebensfrage unser Interesse wecken. Emotionale Krisen sind die Vorboten für Umwandlungen. Die Sexualität übernimmt eine tiefgreifende Bedeutung, sie wird als physische Vereinigung zweier Seelen erlebt.

Sonne im 9. Haus. Diese Stellung der Sonne begünstigt jede mögliche Art des Reisens. Schöne, lehrreiche Reisen in fremde Länder, aber auch Reisen im übertragenen Sinn, die nur in unserem Innern stattfinden. Aufenthalte im Ausland zum Studium oder als Pilgerschaft, um sich selbst zu finden, gehören zu den Themen des 9. Hauses. Das Studium der Sprachen ist begünstigt, genauso wie das Kennenlernen von anderen Kulturen. Das Bedürfnis, einen Sinn in seinem existenziellen Dasein zu finden, ist dieses Jahr ausgeprägt, wir streben nach Erfahrungen, die unseren Horizont erweitern, und die Begegnungen mit Fremden können eine spirituelle Natur besitzen. Diese Hausstellung der Sonne macht optimistisch und positiv. Wer eine Empfänglichkeit für spirituelle Botschaften besitzt, kann diese Gabe in diesem Jahr verfeinern.

Sonne im 10. Haus. In diesem Jahr gilt unsere Aufmerksamkeit den eigenen Ambitionen, aber auch die persönlichen Ziele außerhalb der Arbeitswelt sind als sehr wichtig zu betrachten und sollten wahrgenommen werden. Es ist möglich, dass etwas die Aufmerksamkeit erweckt und dass es später zu unserer Berufung wird. Spannungen aus dem 10. Haus sind meist mit Schwierigkeiten am Arbeitsplatz verbunden und kündigen oft die Absicht sich auf die Suche nach einer neuen Stelle zu machen. Spannungen der Sonne zu Lilith oder Pluto können eine Mahnung darstellen, sich um das eigene Ansehen zu kümmern, der Ruf kann in Gefahr sein, wenn es etwas schiefgeht.

Sonne im 11. Haus. Sorglosigkeit und Optimismus charakterisieren das Solarjahr, das geschieht vor allem, wenn Wünsche und Visionen in Erfüllung gehen. Einige lange gehegten Träume werden wieder aktuell und die Energie wird zu ihrer Erfüllung eingesetzt. Freundschaften sind ein Thema und einige Veränderungen in diesem Bereich sind zu erwarten. Bei einer harmonischen Sonne sind neue Begegnungen und freudige Zeiten mit Freunden angesagt, Spannungsaspekte dagegen können einige Brüche beeinflussen, Freundschaften, die nicht mehr als Zuneigungsaustausch gelten oder ihren Zweck verloren haben, hören auf zu existieren.

Sonne im 12 Haus. Es kann eine Phase der Melancholie werden, in der wir uns auch unter vielen Menschen einsam fühlen. Die Unklarheiten mit der Außenwelt können dazu führen, die Einsamkeit zu suchen und eine Auszeit einzulegen. Eine Zeit geht zu Ende, deswegen sind innere Prozesse möglich, weil wir mit der persönlichen Bilanz beschäftigt sind. Es wächst das Interesse für Esoterik, spirituelle Reisen, Traumdeutung und alles, was den Kontakt zu unserem Innern ermöglicht. Die Zeit kann chaotisch werden, es ist wichtig, deswegen Vertrauen in die geistigen, inneren Gesetzmäßigkeiten zu entwickeln, das hilft uns bei der Vorbereitung einer neuen existenziellen Phase.

Aspekte der Sonne zu den anderen Planeten: Wie entfalte ich meine Sonne-Energie?

Sonne/Mond. Die Konjunktion ist ein Neumond-Aspekt und sie symbolisiert einen Neuanfang, eine Zeit, in der etwas neu entsteht. Ein Ereignis wird der Start für einen wichtigen Prozess sein, etwas, das auch auf psychologischer Ebene eine Erneuerung stattfinden lässt. Die herausfordernden Aspekte verursachen einen intimen Konflikt und eine instabile Zeit fängt an. Diese Instabilität ist meistens auf emotionaler Ebene zu spüren. Wir fühlen uns unwohl, denn einige Situationen sorgen in unserem Leben für viel Stress. Die bewussten Bedürfnisse und die Ziele, die wir anstreben, stoßen mit unseren emotionalen Wünschen zusammen, es entsteht Unzufriedenheit und Frustration. Trigon und Sextil dagegen sind angenehme Verbindungen, sie schaffen eine positive Stimmung, Ruhe und Wohlbefinden. In einem Solarhoroskop voller Spannungen schaffen harmonische Aspekte einen Ausgleich, die gespannte Energie der anderen Konstellationen wird gemildert.

Sonne/Merkur. Zeiten der Innenschau wechseln sie sich mit Perioden der regen geistigen Aktivität ab. Wir suchen auf mentaler Ebene neue Impulse und sind deswegen sehr an geistigem Austausch interessiert. Da nur die Konjunktion möglich ist, ist die Sicht der Dinge sehr subjektiv.

Sonne/Venus. Die Konjunktion ist die einzige Verbindung zwischen Sonne und Venus, deswegen kann ein Solarjahr mit diesem Aspekt sehr positive Auswirkungen haben. Venus erweckt die Lust an Harmonie, Liebe und Zärtlichkeit. In diesem Jahr öffnet sich das Herz wieder, wer sich nicht mehr verlieben wollte aus Angst, enttäuscht zu werden, fängt langsam an, empfänglich für eine Partnerschaft zu werden. Eine Konjunktion Sonne/Venus kann sowohl den Beginn einer neuen Liebe oder das Ende einer Beziehung bedeuten, es handelt sich um einen Zyklus, der Anfang und Abschluss enthält, die Konjunktion der beiden Gestirne kann einen Beginn oder einen Endpunkt symbolisieren.

Sonne/Mars. Spannungsaspekte verursachen Streit und hitzige Auseinandersetzungen. Aber sich kämpferisch zu zeigen muss nicht nur als negativ interpretiert werden. Da viele Hindernisse oder Ärgernisse von der Außenwelt kommen, ist es wichtig, sich durchzusetzen, um die eigenen Vorhaben vorwärtszutreiben. Die Konjunktion ist dynamisch und zeigt für dieses Jahr ein gutes Abwehrsystem (Immunsystem). Die Reaktionen auf die Situationen sind direkt und unmittelbar. Mit einem Trigon oder einem Sextil wird es mühelos sein, sich durchzusetzen und das zu bekommen, was man braucht oder will. Das Vertrauen auf die eigenen Kräfte lässt nicht nach.

Sonne/Jupiter. In diesem Jahr bekommen wir die Chance, uns auf eine expansive Entwicklung unserer Persönlichkeit zu freuen, denn die Aspekte zwischen Sonne und Jupiter öffnen neue Perspektive, die unser Wachstum fördern. Wir fühlen uns optimistisch und gewinnen leicht eine andere Einstellung zu den Problemen, die uns vor Kurzem noch beschäftigt haben. Wir bekommen neue Hoffnung, dass alles zu einem guten Ende kommen wird, unsere innere Stimme gibt uns aufbauende Impulse. Wer krank oder deprimiert war, bekommt durch die positive Energie von Jupiter gute Möglichkeiten auf Genesung. Auch die anderen Bereiche im Leben, die mit dem Haus, in dem die Sonne platziert ist, zu tun haben, sind positiv eingestimmt. Jupiter lehrt uns, dass die Lernerfahrungen, die wir im Leben machen, nicht unbedingt nur schmerzhafter Natur sein müssen. Freude und Erfüllung führen auch dazu, die materielle Existenz zu verstehen und aufzunehmen. Nicht nur die Konjunktion und die harmonischen Aspekte haben eine angenehme Wirkung, Opposition und Quadrat haben auch ähnliche Ausdrucksmöglichkeiten, nur sie führen leichter zu Übertreibungen. Sonne/Jupiter-Aspekte sind ausdehnend, deswegen können auch sie zu körperlicher Fülle verhelfen.

Sonne/Saturn. In diesem Jahr werden wir unserer persönlichen Grenzen bewusst. Unter Spannungen der Sonne zu Saturn kann

Misstrauen in die eigenen Fähigkeiten spürbar sein und es ist schwierig, Entscheidungen zu treffen, denn wir zweifeln und zögern und dies kann zu einem Verzichtverhalten führen. Diese Unsicherheit kommt aus dem Mangel an Glauben und Vertrauen. In diesem Jahr sind wir mit Themen in Berührung, die viel Mühe und Überlegung verlangen und bei Hindernissen reagieren wir sofort entmutigt oder enttäuscht. Bei der Konjunktion und den harmonischen Aspekten ist es leichter, mit den Widerständen umzugehen, sie werden eher als Lernchancen verstanden. Wenn wir vorsichtig, ohne Eile, diszipliniert und geduldig vorgehen, entwickelt sich die Gewissheit, dass wir doch in der Lage sind, Schwierigkeiten zu meistern. Bei Konjunktion, Opposition und Quadrat kann die körperliche Energie niedrig sein, das heißt, wir brauchen mehr Ruhe als sonst.

Sonne/Uranus. Die Energie um uns und der persönliche Ausdruck sind sprunghaft und unstetig. Die Jahre, die unter dem Uranus-Einfluss auf der Sonne stehen, sind von plötzlichen Veränderungen und unerwarteten Wendungen geprägt und wir sollten bereit sein, schnell zu reagieren. Unerwartete Ereignisse stellen das vertraute Leben auf dem Kopf und zwingen uns zu Veränderungen, ob wir es wollen oder nicht. Die harmonischen Konstellationen haben keine zwingende Auswirkung, sie verhelfen uns zu willkommenen Änderungen und lassen uns in passenden Augenblicken richtig handeln. Da der Einfluss von Uranus meist unerwartet und unberechenbar ist, ist es für uns Astrologen schwierig, über die Art und Weise der Veränderungen mit Gewissheit Aussagen zu treffen. Deswegen bleibt nur die Haltung, offen und elastisch zu bleiben und uns überraschen zu lassen. Widerstände sind im Fall von Uranus nur hinderlich und führen zu einer unerwünschten Wirkung.

Sonne/Neptun. Die Auswirkung der Aspekte zwischen der Sonne und Neptun ist schwierig zu definieren, die Gegebenheiten sind oft unklar und verworren. Typisch für die Jahre, in denen Neptun zu der Sonne transitiert, ist, dass wir dazu neigen, zu große Erwartungen zu hegen. Dies führt zweifellos auch zu bitteren

Enttäuschungen. Es ist bei Neptun schwierig, sich vom Wunschdenken zu befreien, wir haben wenig Interesse an der Gegenwart und bevorzugen es, in der Welt der Fantasie zu verweilen. Besonders bei Problemen besteht die Neigung in unrealistische Vorstellungen zu fliehen. Aber Neptun hat auch sehr gute Seiten, er lässt uns kreativ werden, deswegen können wir in der Zeit seiner Auswirkung noch ungenutzte Potenziale entdecken und leben. In dieser Zeit sollen wir die Kraft der Fantasie für kreative Betätigungen einsetzen. Da dies eine Zeit der Verinnerlichung werden kann, sind Übungen wie Yoga oder das Ausüben von meditativen Techniken wichtig, um auf intuitive Weise zu erkennen, welche Zusammenhänge zwischen Innenwelt und Außenwelt herrschen.

Sonne/Pluto. Klarer Kopf, Durchsetzungswillen und leidenschaftliche Intensität charakterisieren die Jahre von Sonne im Transit zu Pluto. Mit diesen Eigenschaften sind wir in der Lage, alles, was für uns wichtig ist, zu realisieren. Auf physischer und psychologischer Ebene verfügen wir über ein unerschöpfliches Reservoir an Energie. Deswegen ist es ratsam, die schwierigen Aufgaben, die fast unlöslich schienen, jetzt in Angriff zu nehmen. Pluto-Jahre – besonders bei den Spannungsaspekten – können uns mit Situationen konfrontieren, die uns bis an die Grenze unserer Kraft führen. Während des Transits von Pluto, der in Solarhoroskopen mehrere Jahre vorhanden sein wird, machen wir eine Krise durch, die sich zuerst mit physischen Symptomen ankündigt. *Burn out,* Erschöpfungszustände oder depressive Stimmungen sind während dieser Zeit möglich. Wenn wir jedoch die tiefste Bedeutung von Pluto erkennen, der einiges zerstört, um Platz für neue Inhalte zu schaffen und auf spiritueller Ebene Erfahrungen in unserem Leben einführt, die für das inneren Wachstum notwendig sind, können wir in unsere innere Führung Vertrauen gewinnen. In den Krisenzeiten können wir locker werden und uns dieser überlassen. Auf dieser Weise gewinnen wir die Kraft, die bei unserer seelischen Aufgabe nötig ist.

Sonne/Lilith. In diesem Jahr kann eine Beziehung beginnen, die aus starker gegenseitiger Anziehung herrührt, die aber auch schon von ihrem Anbeginn nicht frei von Problemen ist. Aber auch das Ende einer verstrickten Bindung ist innerhalb dieses Solarjahres möglich. Lilith lädt uns ein, die »trockenen Zweige zu schneiden«, uns in einer erstickenden Beziehung durchzusetzen und uns zu emanzipieren. Sonne/Lilith-Aspekte erinnern uns an den Mythos des ersten Paares im Paradies, an ihre Kämpfe und an ihre Trennung, deswegen sind unter den Transiten von Lilith zur Sonne Streit und Konflikte in der festen Partnerschaft nicht auszuschließen. Auch Grenzerfahrungen können eine Ausdrucksmöglichkeit dieser Konstellation sein. Bei Lilith haben alle Aspekte – Konjunktion, Sextil, Quadrat, Trigon und Opposition – ähnliche Auswirkungen.

Sonne/Chiron. Das Thema Gesundheit, Krankheit und Genesung kann ein Leitmotiv werden. Die Krankheiten, die unter diesen Aspekten entstehen, können mit ungelösten Konflikten zusammenhängen. Die Aspekte zwischen Sonne und Chiron können uns sehr empfindlich für äußere Störungen werden lassen. Wir reagieren oft psychosomatisch, besonders bei Konflikten und Disharmonie. Sextile und Trigonen symbolisieren eher eine Genesung, die spontan auftritt. Wenn Chiron die Sonne aspektiert, kann unser Verhalten sehr widersprüchlich werden.

Der Solaraszendent

Im Jahreshoroskop: Der persönliche Ausdruck

Der Solaraszendent zeigt die Art und Weise, wie wir aktiv werden und wie wir uns verhalten, um die Aufgabe der Sonne zu erfüllen. Das Zeichen, in dem der AC steht, zeigt uns, wie wir uns ausdrücken, um die Sonne in ihrem Individuationsprozess zu unterstützen: Sind wir zielgerichtet und dynamisch (AC in Widder), bevorzugen wir es, uns als sehr kompetent zu verkaufen (AC in Jungfrau) oder zeigen unser Mitgefühl und handeln hilfsbereit (AC in den Fischen) etc.

Der Aszendent zeigt auch an, wie wir uns gern in unserer Umgebung zeigen.

Solar-AC in Widder. Es fängt eine neue Phase an, die von frischen Projekten charakterisiert wird. Was wir jetzt anfangen, hat gute Möglichkeiten, realisiert zu werden. Widder ist das Zeichen der Pioniere, und alles, was innovativ und anregend wirkt, wird unseren Geist stimulieren. Wir spüren Vertrauen in unsere Fähigkeiten, deswegen sind wir in der Lage, mutige Entscheidungen zu treffen, z.B. eine neue Tätigkeit zu beginnen oder uns in die Selbstständigkeit zu wagen.

Solar-AC in Stier. Im Hier und Jetzt zu leben ist die richtige Haltung bei einem AC im Stier-Zeichen. Die Pläne, die realisierbar sind, sind jene, die eine unmittelbare Anwendung brauchen und konkrete Möglichkeiten enthalten. Wir sollen gewichtet handeln und nicht zu große Risiken eingehen. In dieser Zeit stehen Wohlbefinden, die Ruhe und die Sinnlichkeit an der ersten Stelle. Sinnliche Genüsse und physische Lust bereichern das Jahr. Die Notwendigkeit materieller und emotionaler Sicherheit ist vordergründig.

Solar-AC in den Zwillingen. Das Jahr wird interessant werden, viele neue Begegnungen, viel Bewegung und intellektueller Austausch lassen das Leben anregend werden. Es ist an der Zeit, unsere Ideen und Meinungen offenzulegen. Ein Jahr voller lebhafter Kontakte und Erfahrungen erwartet uns bei einem Solar-AC in diesem vielseitigen Zeichen.

Solar-AC in Krebs. Die Familienangelegenheiten übernehmen eine wichtige Rolle, die Beziehungen zu unseren Familienmitgliedern intensivieren sich und es sind Begegnungen mit ihnen möglich. Wer als Single lebt, kann das Bedürfnis, eine Familie zu gründen, spüren oder will gerne mit anderen Menschen in Gemeinschaft wohnen. Alles, was in Bezug zu dem privaten und häuslichen Leben steht, rückt in den Vordergrund. Umzüge oder ein Kauf bzw. Verkauf von Immobilien sind möglich. Gefühlsmäßig sind wir sehr empfänglich für die Belangen anderer.

Solar-AC in Löwe. Wir wollen in diesem Jahr beachtet werden und im Mittelpunkt stehen. Die persönliche Selbstverwirklichung ist ein Thema, das uns am Herzen liegt. Wer kreativ ist, wird den Impuls spüren, im künstlichen Bereich zu experimentieren und die eigenen Talente zu erweitern. Unser Äußeres verändert sich, wir werden uns bunter und auffälliger bekleiden. In diesem Jahr wird uns niemand übersehen, wir strahlen Power aus.

Solar-AC in Jungfrau. Das Erlernen von neuen Fertigkeiten und die Weiterbildung unserer Fähigkeiten wird uns beschäftigen, es ist ratsam, methodisch und systematisch vorzugehen. Was wir uns in diesem Jahr aneignen, wird uns im weiteren Verlauf des Lebens begleiten. Arbeit und Gesundheit sind Themen, die von uns viel Energie verlangen, weil wir sehr aufmerksam für die Bedürfnisse in diesen zwei Sektoren sein werden. Es kann ein Jahr werden, in dem wir sparsam sind und lernen, nachhaltig zu leben.

Solar-AC in der Waage. Ein Bedürfnis nach Frieden und Harmonie färbt das Jahr, wir möchten so wenig Konflikte als möglich erleben und wir vermeiden heftige Auseinandersetzungen. Begegnungen und soziale Tätigkeiten sind in diesem Jahr häufig zu erleben. Wir brauchen Menschen um uns, mit denen wir etwas teilen oder kooperieren können. Wenn der AC keine Spannungen empfängt, sind die rechtlichen Angelegenheiten begünstigt. Ehe und stabiles Zusammensein sind bevorzugt und in diesem Jahr kann das Bedürfnis entstehen, eine Beziehung zu legalisieren.

Solar-AC in Skorpion. Es geht eine alte Phase endlich zu Ende und die neue kündigt sich schon an. Es ist die Zeit, alte Angewohnheiten loszulassen, alte Beziehungen und überholte Situationen zu lösen. In diesem Jahr sind wir aufgefordert, die negativen Emotionen zu transformieren und konstruktiveren Gefühle Raum zu geben. Verluste oder Scheidungen können ein unerwünschtes (oder erwünschtes) Thema werden. Die Zeit ist geeignet, eine Psychotherapie oder eine Reise zu unserem Innern zu starten. Die Konfrontation mit den Schattenthemen und mit dem, was wir verdrängt hatten, wird uns intensiv beschäftigen.

Solar-AC in Schütze. Der Wunsch, zu verreisen, ist für das ganze Jahr präsent und es kann möglich werden, dass eine Reise zum Höhepunkt des Jahres werden wird. Alles, was in diesem Jahr gelernt, erfahren und aufgenommen wird, dient der persönlichen Horizonterweiterung und öffnet den Geist. Die Persönlichkeit verändert und verwandelt sich durch die Auseinandersetzung mit Philosophie, spirituellen Lehren und evolutiven Theorien, aber auch der Kontakt mit Menschen, die ähnliche evolutive Reife haben wie wir, ist eine Bereicherung in diesem neuen Solarjahr. Optimismus und Selbstvertrauen begleiten uns.

Solar-AC in Steinbock. Neigung zu Diskretion und Reserviertheit charakterisieren das Jahr, wir verhalten uns distanziert und vorsichtig gegenüber allem, was zu plötzlich und unerwartet geschieht. Rückzug ist in dieser Zeit wichtig, um Bilanz bezüglich des eigenen Lebens zu ziehen – und auch für die Reorganisierung des Alltags. Es ist ein Jahr, in dem wir die Prioritäten erkennen und uns von Unwesentlichem trennen. Ehrgeizige Pläne und das Pflegen von unserem Image bringen gute Ergebnisse in unserem Arbeitsleben. Wir erkennen, welche Ambitionen wir haben, und handeln systematisch, um sie zu erfüllen.

Solar-AC in Wassermann. Es ist eine verrückte Zeit, voll mit Überraschungen und plötzlichen Wenden. Es ist für uns wichtig unabhängig zu sein und frei von äußeren Konditionierungen. Etwas Neues, Unerwartetes fängt an und es wird die Monotonie wegfegen. Wir haben keine Zeit, um gelangweilt herumzuhängen, es werden sich Gelegenheiten anbieten, die wir sofort erkennen und nutzen wollen. Wir bekommen originelle Ideen und kluge Erkenntnisse, um dem Leben eine neue Wende zu ermöglichen. Auch humanitäres Engagement passt zu einem Jahr mit dem AC in Wassermann.

Solar-AC in den Fischen. Vielleicht erkennen wir in uns eine romantische Ader und das Bedürfnis, mit anderen zu verschmelzen, macht sich bemerkbar. Wir finden uns in diesem Jahr in Situationen, die Mitgefühl und Sensibilität zum Vorschein bringen. Wir fühlen uns wohl in einem Umfeld voller Musik, Poesie und Kunst, da wir empfänglicher für Schönheit, Harmonie und Kreativität sind. Oft merken wir, dass es nicht der Verstand ist, der uns führt, sondern das Herz, das uns in diesem magischen Jahr leitet.

Solar-AC in den Häusern des Geburtshoroskops: Wo drücke ich mich aus?

AC im 1. Radix-Haus. Psychologische Wiedergeburt. Vertiefung der Geburtsthematik. Ein neues Kapitel im Leben beginnt.

AC im 2. Radix-Haus. Materielle und wirtschaftliche Angelegenheiten werden uns beschäftigen. Wir verbessern unsere Talente und ordnen unsere persönlichen Wertvorstellungen neu.

AC im 3. Radix-Haus. Die kommunikativen Fähigkeiten werden neu bewertet oder verbessert. Die Beziehung zu Geschwistern und Verwandten beschäftigt uns und einige Angelegenheiten sind mit ihnen verknüpft.

AC im 4. Radix-Haus. Aktuelle Themen sind alle Angelegenheiten bezüglich des Privatlebens, der Familie und der Wohnräumlichkeiten. Tiefe psychologische Prozesse bringen Erkenntnisse über die Vergangenheit.

AC im 5. Radix-Haus. Es ist eine gute Zeit, sich den Hobbys zu widmen oder die Freizeit mit neuen Interessen zu erfüllen. Wir fühlen uns in unserem Ausdruck kreativ und ungezwungen. Kinder und Jugendliche verlangen unsere Aufmerksamkeit.

AC im 6. Radix-Haus. Wir beschäftigen uns mit unserer alltäglichen Arbeit. Wir spüren das Bedürfnis, etwas für die Gesundheit zu tun, z.B. Abbau von negativen Angewohnheiten. Einschränkungen im Alltag können uns reizbar machen.

AC im 7. Radix-Haus. Im Bereich der zwischenmenschlichen Beziehungen tut sich etwas, das Jahr verspricht Begegnungen, Auseinandersetzungen, Trennungen und Wiedersehen. Konflikte, die unsere Beziehungen betreffen, sollen geklärt und verstanden werden.

AC im 8. Radix-Haus. Die Notwendigkeit, sich zu verändern bringt eine Zeit der Krise. Loslassen muss geübt werden, um für das Neue in unserem Leben Platz zu schaffen. Scheidungen und Verluste gehen an die Substanz, wir brauchen eine Zeit für uns allein, um uns zu regenerieren. Alles, was mit Erbschaften, Darlehen und Steuern zu tun hat, kann im Vordergrund stehen.

AC im 9. Radix-Haus. Zeit zum Verreisen und den Alltag hinter sich zu verlassen. Studienaufenthalte im Ausland dienen zur Erweiterung unseres Wissens. Wir suchen die Auseinandersetzung mit spirituellen und philosophischen Lehren.

AC im 10. Radix-Haus. Veränderungen im Arbeitsbereich sind möglich, ein neuer Job, die Pensionierung oder Auseinandersetzungen mit dem Chef oder dem Vorstand. Die ganze Energie wird dieses Jahr auf das Erreichen von Zielen und eigenen Plänen gerichtet.

AC im 11. Radix-Haus. Die Gedanken kreisen um Projekte und Wünsche für die Zukunft. Freundschaften stehen im Vordergrund, es tut sich einiges in diesem Bereich.

AC im 12. Radix-Haus. Das Bedürfnis nach Rückzug ist intensiv, es besteht der Wunsch im Alleinsein die eigenen Gefühle und die

Gedanken zu ordnen oder zu erspüren. Es ist eine günstige Zeit, um Meditation, Yoga oder andere spirituelle Disziplinen anzufangen und dabeizubleiben. Träume sind in dieser Zeit sehr intensiv und ausdrucksvoll.

AC und MC in Konjunktion zu den Eckpunkten des Radix-Horoskops: Welche Veränderungen kommen auf mich zu?

AC-solar in Konjunktion zu dem Radix-IC. Möglicher Umzug, Veränderungen in der Familie

AC-solar in Konjunktion zu dem Radix-DC. Mögliche Veränderung im DU-Bereich

AC-solar in Konjunktion zu dem Radix-MC. Neuheiten bezüglich Kariere und Sozialstatus

MC-solar in Konjunktion zu dem Radix-AC. Veränderung des persönlichen Images, die mit einer neuen Tätigkeit zusammenhängen

MC-solar in Konjunktion zu dem Radix-IC. Umzug wegen einer neuen Arbeitsstelle

MC-solar in Konjunktion zu dem Radix-DC. Neue wichtige Arbeitskontakte, Beziehung im Bereich des Arbeitsumfeldes

Dominante Planeten in Konjunktion zu dem Solar-Aszendenten und dem Solar-Medium-Coeli

Die Wirkung der Planeten ab Jupiter zu dem AC und zu dem MC im Solar ist nicht so intensiv und prägend wie der Transit der gleichen Gestirne auf dem AC und auf das MC im Radixhoroskop.

Konjunktionen zu dem Solar-AC: Mein Umfeld und ich, was ist in diesem Jahr sichtbar?

Sonne in Konjunktion zu dem AC. Wiedergeburt, Freude am Leben, Genesung, Vitalität

Mond in Konjunktion zu dem AC. Emotionalität, Sensibilität, Bedürfnis nach emotionaler Sicherheit, Empathie

Merkur in Konjunktion zu dem AC. Redseligkeit, Lust auf Abwechslung und Bewegung, kulturelles Interesse

Venus in Konjunktion zu dem AC. Schöne Ausstrahlung, Anziehungskraft, Neigung, sich zu verlieben, ausgeglichenes Verhalten

Mars in Konjunktion zu dem AC. Angriffslust, Lust auf Streit und Dispute, zielgerichtet sein, Lust auf Unabhängigkeit

Jupiter in Konjunktion zu dem AC. Expansion, Optimismus, positive Haltung, gutes Gelingen, Tendenz, einige Kilos zuzulegen

Saturn in Konjunktion zu dem AC. Gute Zeit, um eine Diät anzufangen, Verschwiegenheit, Diskretion, Zurückhaltung, sehr diszipliniert sein

Uranus in Konjunktion zu dem AC. Plötzliche Veränderungen, die das unmittelbare Umfeld oder unsere Person betreffen, Unabhängigkeitsstreben. Das Jahr wird unbeständig

Neptun in Konjunktion zu dem AC. Nebulose Zustände, Unsicherheit, Chaos, Empathie, spirituelles Interesse

Pluto in Konjunktion zu dem AC. Ausstrahlung, Selbstsicherheit ausstrahlen, Umwälzungen

Lilith in Konjunktion zu dem AC. Ambivalentes Verhalten, Schönheitsverbesserung (ästhetische Chirurgie). Erotische Ausstrahlung

Chiron in Konjunktion zu dem AC. Opferhaltung, Selbstcourage, Themen, die Heilung und Gesundheit betreffen. Verhaltensweisen, die sehr gegensätzlich sind

Das Medium Coeli: Das Ziel des Jahres

Das Medium Coeli im Solarhoroskop zeigt, wie wir dieses Jahr in der Öffentlichkeit wirken. Alle Themen, die mit dem öffentlichen Leben zusammenhängen, sind von dem Planeten am MC, im 10. Haus und von dem Zeichen, in dem das MC steht, symbolisiert. Die Himmelsmitte ist mit den Zielen des Jahres verbunden, ihre Stellung sagt uns, was wir anstreben und welche Vorhaben sich in diesem Solarjahr verändern werden. Sie zeigt die Qualität der Energie, die wir in diesem Jahr anwenden, um zu erreichen, was wir uns vor Augen halten.

MC in Widder. Bei dem ersten Feuerzeichen am MC haben wir das Bedürfnis, mit Elan, Durchsetzungskraft und Spontaneität unseren Vorhaben nachzujagen. Es ist nicht selten, dass mit einem Widder-MC entschieden wird, den Schritt in die Selbstständigkeit zu wagen. Das Bedürfnis, sich als dynamisch, selbstsicher und mit Initiative freudig zu zeigen, ist ausgeprägt.

MC in Stier. Das, was wir in diesem Jahr anstreben, soll von Dauer sein. Es ist eine ausgezeichnete Zeit, sich eine solide Basis zu schaffen. Das Bedürfnis, sich als zuverlässig, kompetent und produktiv zu zeigen, ist vorherrschend.

MC in den Zwillingen. Wir zeigen uns von unseren besten Seiten: vielseitig, lustig, redselig und kommunikationsfreudig. Eine Tätigkeit, die viel Freiraum für frischen Ideen lässt, ist in diesem Jahr begünstigt. Einige Veränderungen sind in dem Bereich der Arbeit möglich.

MC in Krebs. Ohne ein emotionales Interesse für unsere Ziele und für unsere Karriere fühlen wir uns mit einem MC im Wasserzeichen Krebs nicht richtig beteiligt. Es fehlt das Interesse an allem, was uns seelenlos und fremd vorkommt. Falls wir einen neuen Arbeitsbereich suchen, kann es sein, dass alle Berufe, die mit dem liebevollen Pflegen von anderen Menschen zusammenhängen, uns anziehen. In diesem Jahr möchten wir dem Ruf des Herzens folgen, wir interessieren uns mehr für die Ausübung einer Berufung als für eine Karriere.

MC in Löwe. Unser Ansehen liegt uns am Herzen, wir möchten selbstsicher auftreten. In diesem Jahr pflegen wir unser Image und alles, was dazu dient, dass wir einen guten Eindruck hinterlassen. In diesem Jahr interessiert es uns, vorwärtszukommen und ein Prestige zu erreichen. Auf jedem Fall soll die Arbeit das Identitätsgefühl stärken.

MC in der Jungfrau. Das Bedürfnis dieses Jahres liegt in einer Überprüfung der eigenen Ziele. Mit dem AC im 6. Zeichen des Tierkreises ist es wichtig, planmäßig und sorgfältig voranzukommen. In diesem Jahr wird nichts dem Zufall überlassen. Wir möchten als effizient und arbeitswillig gesehen werden und wir sorgen auch dafür, dass unser Aussehen adrett und gepflegt ist.

MC in der Waage. Das Bewahren unseres Images steht im Vordergrund. Wir möchten perfekt und attraktiv erscheinen und legen Wert auf einen angenehmen Eindruck. Unser Auftreten in der Öffentlichkeit ist diplomatisch und ausgeglichen. In diesem Jahr ist es wichtig, mit anderen einige Zielen zu teilen, z.B. mit dem Partner oder der Partnerin.

MC in Skorpion. In diesem Jahr werden die Projekte und die Ziele hartnäckig und konsequent verfolgt. Wir setzen auf Leidenschaft und Intensität, um uns beruflich oder persönlich zu verwirklichen. Das Bedürfnis, das Alte hinter sich zu lassen und eine neue Existenz aufzubauen, ist intensiv.

MC in Schütze. Die Ziele sind dieses Jahr mit dem Ausland verbunden. Die Lust, etwas in einem anderen Land anzufangen, bewegt uns. Kontakte mit ausländischen Personen können uns in Berührung mit unserer Berufung bringen. Wir zeigen uns weltoffen und wissbegierig. Das Bedürfnis, unser Dasein mit etwas Sinnvollem zu bereichern, spielt in diesem Jahr eine zentrale Rolle.

MC in Steinbock. Das Passwort für dieses Jahr lautet: Zuverlässigkeit. Alles, was wir unternehmen, wird mit Ernst und Disziplin getan. Unser Bedürfnis ist es, anerkannt zu werden für das, was wir leisten. Alle Ziele können sehr ambitioniert sein. Es ist nicht die Zeit, um etwas Neues zu erstreben, sondern wir sollen das, was wir erreicht haben, festigen.

MC in Wassermann. Idealismus und innovative Ideen sind dieses Jahr angesagt. Wir möchten in der Öffentlichkeit für unsere Originalität und unseren offenen Geist anerkannt werden. Es kann ein Jahr der vielen Experimente werden, deswegen lassen wir uns nicht auf etwas Festes ein. Um unsere Einfälle zu verwirklichen, brauchen wir ein Team oder eine selbstständige Tätigkeit.

MC in den Fischen. Die Ziele sind nicht allzu klar definiert, deswegen sollen wir uns in einem Jahr mit dem MC in diesem Wasserzeichen auf unsere Inspiration und Intuition verlassen. Es ist möglich, dass uns manche Chancen entgegenkommen, ohne dass wir viel dafür getan haben. Magisch ziehen wir die Situationen und die Chancen, die für uns passend sind, an.

Konjunktionen zu dem Solar-MC: Was könnte ich erreichen?

Sonne in Konjunktion zu dem MC. Neue Stelle als Leiter/Leiterin, sehr guter Eindruck bei Bewerbungsgesprächen. Die Karriere steht im Mittelpunkt

Mond in Konjunktion zu dem MC. Tätigkeit im Bereich Frauenarbeit oder in der Gastronomie. Die Suche nach der Berufung kann intensiv werden.

Merkur in Konjunktion zu dem MC. Ein wichtiger Vertrag wird unterschrieben, zahlreiche Arbeitsgespräche

Venus in Konjunktion zu dem MC. Erfolg auf sozialer Ebene, Beliebtheit

Mars in Konjunktion zu dem MC. Sich bei der Arbeit durchsetzen, Ziele mit Elan erreichen, Risiko annehmen für eine gute Position

Jupiter in Konjunktion zu dem MC. Soziale und berufliche Erfolge, sozialer Einstieg

Saturn in Konjunktion mit dem MC. Eine Karriere voller Verantwortung, Pflicht fängt an oder wir möchten uns von zu viel Verantwortung lösen

Uranus in Konjunktion mit dem MC. Selbstständigkeit, auf Umwegen wird Erfolg erzielt, Veränderungen des Status

Neptun in Konjunktion zu dem MC. Vorsicht vor unklaren Verwicklungen, Zwischenjahr, Arbeitslosigkeit

Pluto in Konjunktion zu dem MC. Macht, Ansehen, Intrige, Erfüllung der Ambitionen

Lilith in Konjunktion zu dem MC. Mobbing, Arbeit, die in Kontakt mit abgründigen Bereichen führt, Tabus brechen im Arbeitsbereich, umstrittene Position

Chiron in Konjunktion zu dem MC. Karriere im Gesundheitswesen, Heiler, krankhafter Ehrgeiz, Karriere mit Makel

Das MC und die drei Qualitäten

Wenn wir unsere Solarhoroskope in aufeinanderfolgender Reihe im Lauf der Jahre für unsere biografische Arbeit untersuchen, stellen wir fest, dass das MC einen Rhythmus beschreibt. Es gibt Perioden, die ca. 8 bis 12 Jahre andauern, wo die Himmelsmitte in derselben astrologischen Qualität steht: fix, kardinal, veränderlich. Dies geschieht, wenn wir in den Jahren an Orten wohnen, die nicht zu weit weg auseinander liegen. Die Stellung in einer Qualität gibt uns die Möglichkeit, Themen zu entwickeln und zu leben, die diesen zu eignen sind.

MC in den Kardinalzeichen. Die Jahre, in denen diese Qualität herrscht, sind von sehr viel Aktivität gekennzeichnet. Wir stehen im Leben und sind voller Motivation. Wir haben den Drang, unsere Energie für etwas Großartiges einzusetzen. In diesen Jahren sind wir sehr agil und können eine Menge Arbeit leisten.

MC in den fixen Zeichen. Wir sind in der Lage, ein stabiles Leben zu gestalten, wir sind motiviert und setzen wir uns mit Willensstärke ein, um unsere Vorhaben zu verwirklichen. Alles, was wir begonnen haben, wird auch zu Ende gebracht. Es sind Jahren der Stabilisierung.

MC in den veränderlichen Zeichen. Wir sind anpassungsfähig und wir möchten nicht gegen dem Strom schwimmen. Uns gelingt es leichter als in den fixen Zeichen mit Veränderungen umzugehen und sie zu akzeptieren. In manchen Situationen sehen wir ein, dass wir nur mit Kompromissbereitschaft die Probleme lösen können.

Der Mond im Solarhoroskop: Die emotionale Stimmung des Jahres

Der Mond im Solarhoroskop zeigt die Themen an, die von uns viel emotionale Kraft verlangen. Das Haus, in dem der Solar-Mond platziert ist, symbolisiert die Angelegenheiten, die uns am Herzen liegen und die von uns viel Gefühl verlangen. Er zeigt, welche Umstände, Personen oder Ereignisse eine emotionale Reaktion verursachen.

Mond in Widder oder im 1. Haus. Die Gegebenheiten, denen wir begegnen, verlangen Spontaneität und geistige Offenheit. Wir brauchen ein Umfeld, in den eine dynamische und frische Energie herrscht. Dieses Jahr aktiv zu sein verleiht uns ein Gefühl der Lebendigkeit.

Mond in Stier oder im 2. Haus. Das Bedürfnis nach Stabilität und nach Werten, die dauerhaft sind, aktiviert unsere seelischen Kräfte. Wir fühlen uns wohlig und geborgen, wenn wir etwas erreicht haben, das von Bestand sein wird. Ein starkes Verlangen nach Erlebnissen in der Natur, in der wir unsere Sinne berauschen können, kennzeichnet dieses Jahr.

Mond in den Zwillingen oder im 3. Haus. Ein starkes Bedürfnis nach Ausstauch und danach, fröhlich mit anderen Menschen zusammen zu sein. Die Zeit soll bewegt und geistig anregend verlaufen. Neuheiten, die uns erreichen, beleben unser Dasein, weil sie für Abwechslung sorgen. Wir haben dieses Jahr das Gefühl, dass die Zeit schneller vergeht als sonst.

Mond in Krebs oder im 4. Haus. Das Bedürfnis nach emotionaler Sicherheit ist für unsere Mitmenschen sichtbar, wir strahlen

Gemütlichkeit und Mitgefühl aus. In der Familie finden wir dieses Jahr die emotionale Nahrung, die wir benötigen, um in Einklang mit unseren tieferen Bedürfnissen zu sein. Wir suchen in diesem Jahr nach den eigenen emotionalen Wurzeln. Die Möglichkeit, dies an einem anderen Ort zu finden, weg von dort, wo wir geboren sind, ist sehr wahrscheinlich.

Mond in dem Löwen oder im 5. Haus. Was wir suchen ist Spaß und Zerstreuung, wir möchten Leichtigkeit und Wärme erleben. Das Bedürfnis nach kreativen Betätigungen ist ausgeprägt. Unsere Mitmenschen werden uns Anerkennung und Wertschätzung schenken – dies nährt unsere Seelenkraft.

Mond in der Jungfrau. Das Bedürfnis nach Ordnung und Sauberkeit ist in unserem Alltag und am Arbeitsplatz sichtbar. In unserem Gemütsleben soll kein Chaos herrschen, deswegen soll die Umwelt unser Inneres widerspiegeln. Die Arbeit soll uns auf emotionaler Ebene erfüllen. Die Ereignisse in diesem Jahr sorgen dafür, dass wir lernen, mit Gefühlen umzugehen und unsere Empfindungen spontan preiszugeben.

Mond in der Waage oder im 7. Haus. Es gibt ein Bedürfnis nach Gesellschaft, denn Alleinsein ist nicht für diese Stellung des Mondes geeignet. Das Interesse an diesen Beziehungen entsteht aus dem Herzen. Menschen begegnen uns mit Zuneigung und Sympathie. Eine harmonische Umwelt sorgt für Seelenfrieden und Entspannung.

Mond in Skorpion oder im 8. Haus. Die Situationen und die Personen, mit denen wir beschäftigt sind, können sehr starke Emotionen wachrufen und wirken als Katalysatoren für tiefe Prozesse. Wir werden uns mit Themen konfrontieren müssen, die tief in uns schlummern oder die wir seit Langem verdrängt haben. Reiberein und Konflikte führen dazu, dass wir andere Menschen zu akzeptieren lernen müssen, die nicht die gleiche Meinung vertreten wie wir.

Mond im Schützen oder im 9. Haus. Die Konfrontation mit dem Leben geschieht aus dem Bedürfnis heraus, spontan und idealistisch zu handeln. Es sind die Reisen, die uns ein inniges und geborgenes Gefühl vermitteln. Wir fühlen uns mit Fremden wie zu Hause und gehen mit ihnen gefühlsvolle Beziehungen ein. Wir entdecken, dass es überall auf der Welt Ort gibt, an denen wir uns zu Hause fühlen können.

Mond in Steinbock oder im 10. Haus. Wir konfrontieren uns mit Angelegenheiten, die uns auf der gefühlsmäßigen Ebene kalt lassen. Wir spüren kein emotionales Engagement und erledigen nüchtern unsere Aufgaben. Auf der seelischen Ebene haben wir das Gefühl, zu kurz zu kommen. Menschen, denen wir begegnen, verhalten sich »cool«, wir entdecken jedoch in ihrer Nähe, dass sie ausreichend Gefühl in sich verbergen.

Mond in Wassermann oder im 11. Haus. Wir fühlen uns sehr gut in der Welt der Ideen, wir spüren das Bedürfnis, viel zu lesen und mit neuen Ideen und idealistischen Vorstellungen zu experimentieren. Die Menschen, denen wir begegnen, sind nicht sehr gefühlsbetont, aber sie wirken auf uns sehr anregend. In dem Ungewöhnlichen fühlen wir uns lebendig.

Mond in den Fischen. Das Magische zieht uns an. Jedoch Vorsicht, wir neigen in diesem Jahr dazu beinflussbar zu sein. Manche Situationen können uns emotional verwirren oder verunsichern. Die Menschen, denen wir begegnen, sind oft unklar oder haltlos. Sobald wir es erkennen, sollten wir uns von ihnen fernhalten. Instinktiv handeln wir oft auf eine nicht erklärbare Weise, die uns aber zu dem richtigen Ort, zu den richtigen Menschen und in die richtigen Situationen führt.

Merkur im Solarhoroskop

Merkur im Solarhoroskop lenkt die Konzentration auf Themen, die mit Bildung, Kommunikation, Austausch, Denken und Vermittlung zu tun haben. Dieser Planet kann mit Sonne nur eine Konjunktion bilden, die jedoch sehr häufig vorkommt. Deswegen wird sie in die Deutung einbezogen. Merkur soll als Solarplanet gedeutet werden, wenn er in einer dominanten Stellung steht oder wenn er gleiche Aspekte oder die gleiche Hausstellung wie im Geburtshoroskop zeigt. Ebenso wenn er der Herrscher vom Aszendenten ist.

Merkur in Widder oder im 1. Haus. Eine gute Stellung für PR oder für Tätigkeiten, die mit Kommunikation und mit Handel zu tun haben. Situationen, in denen wir viel sprechen und diskutieren müssen, sind in diesem Jahr häufig zu erleben.

Merkur in Stier oder im 2. Haus. Unsere Intelligenz und unsere Fähigkeit schnell etwas zu erfassen wird im Bereich der Finanzen und dem Kommerz verwendet. Manchmal übernimmt Merkur die Rolle eines Vermittlers oder Beschaffers von guten Geschäften.

Merkur in den Zwillingen oder im 3. Haus. Diese ist eine gute Konstellation für Reisen, die Geschäfte oder gute Kontakte begünstigen. Auch eine schnelle Art der Kommunikation und des Austausches ist in diesem Jahr wahrscheinlich.

Merkur in Krebs oder im 3. Haus. Kann bürokratische Angelegenheiten und Verträge, die Immobilien betreffen, anzeigen. Es kann auch einen Umzug symbolisieren. Viele Gespräche und Diskussionen innerhalb der Familie sind mit dieser Stellung von Merkur möglich.

Merkur in Löwe oder im 5. Haus. Wenn wir auf Anerkennung hoffen, dann ist diese Merkurstellung gut geeignet. Hobbys wie Schauspielerei sind begünstigt. Zahlreiche Gespräche, Referate oder eine Vernissage über Kunst sind möglich.

Merkur in der Jungfrau oder im 6. Haus. Arbeit und Alltag fordern von uns viel geistige Anstrengung. Die Gedanken kreisen um Gesundheit, Organisation und Pflege. Gesundheitliche Beschwerden betreffen die Atmungsorgane oder die Bewegungsfähigkeit.

Merkur in Waage oder im 7. Haus. Das Jahr eignet sich, um eine Gesellschaft zu gründen, wenn Merkur harmonisch ist. Bei Spannungsaspekten könne Streit und verbale Auseinandersetzungen mit Arbeitskollegen oder Partner vorkommen. Mündliche Abmachungen sind möglich. In der Partnerschaft bedeutet diese Stellung von Merkur, dass es innerhalb der Beziehung viel zu besprechen gibt.

Merkur im Skorpion oder im 8. Haus. Angelegenheiten über Erbschaften, Vermächtnisse und Kredite sind in diesem Solarjahr möglich. Die Kommunikation ist tief greifend und die Interessen sind nie oberflächlicher Zeitvertrieb.

Merkur in Schütze oder im 9. Haus. Intellektuelle Beschäftigungen sind begünstigt, besonders diejenigen, die eine Horizonterweiterung befördern. Pläne von Reise nehmen uns in Anspruch.

Merkur in Steinbock oder im 10. Haus. Bewerbungen oder Arbeitsgespräche sind in diesem Jahr ein Thema. Harmonisch kann Merkur das Unterschreiben eines Vertrages symbolisieren. Die schwierigen Aspekte können Misserfolge in den Arbeitsverhandlungen verursachen. Wir können auch Reden und Vorträge in der Öffentlichkeit halten.

Merkur in Wassermann oder im 10. Haus. Es gibt viel Bewegung in dem Bereich der Freundschaft. Viele Gespräche und gemeinsame Interessen machen das Jahr lebendig. Wir zeigen ein Interesse für neue gesellschaftliche Kreise.

Merkur in den Fischen und im 12. Haus. Die Kommunikation kann verworren und unklar sein. Über manche Themen wird in diesem Jahr nicht gesprochen, sie werden geheim gehalten.

Venus im Solarhoroskop

Venus im Solarhoroskop beeinflusst alle Themen, die für Beziehungen zu den anderen Menschen stehen: Liebe, Freundschaft, Herzverbindungen und erotische Beziehungen. Dieser Planet steht auch für die kreative Tätigkeiten, für die Bereiche, in denen wir ein Gefühl von Schönheit, Harmonie und Lebenslust empfinden. Venus wird im Solar gedeutet, wenn der Planet dominant oder in Konjunktion zur Sonne steht und wenn sie ähnliche Stellungen und Aspekte wie im Geburtshoroskop aufweist. Oder wenn Venus im Solarhoroskop Herrscherin vom AC ist.

Venus in Widder oder im 1. Haus. Dies hat einen Einfluss auf das Wohlbefinden, auf die Tendenz, das Leben als angenehm zu empfinden. Er zeigt ein Jahr der Ausgeglichenheit an. Wir legen viel Wert darauf, attraktiv und schick zu sein. Die Spannungsaspekte erzeugen Unzufriedenheit.

Venus in Stier im 2. Haus. Die teuren Anschaffungen und die Pflege des Körpers in Wellnesstempeln erzeugen einen sinnlichen Genuss. Harmonische Aspekte sind für finanzielle Angelegenheiten positiv zu bewerten, Spannungen dagegen können zu überflüssigen Ausgaben führen.

Venus in den Zwillingen oder im 3. Haus. Ein Jahr, in dem es zu sehr angenehmen Gesprächen und Kontakten kommen kann. Die Beziehungen zu den Geschwistern und zu den Nachbarn verlaufen friedlich. Bei den herausfordernden Aspekten kann Neid unter Geschwistern oder Nachbarn eine Rolle spielen.

Venus in Krebs oder im 4. Haus. Wir verspüren das Bedürfnis, unser Zuhause mit schönen Dingen zu dekorieren oder einzurichten. Die Suche nach einer Wohnung, die besser zu uns passt, in der wir uns sehr wohlfühlen, kann die Priorität des Jahres werden. Die Beziehungen zu den Familienangehörigen verläuft harmonisch und angenehm. Bei den schwierigen Aspekten dagegen kann Unausgeglichenheit vorkommen.

Venus in Löwe oder im 5. Haus. Das erotische Leben kann im Vordergrund stehen, das Jahr kann von Affären und Zeiten des Verliebtseins charakterisiert sein. Ein erfreuliches Ereignis kann Nachwuchs sein. Kinder sind ein wichtiges Thema des Jahres, wir werden mit ihnen beschäftigt sein. Bei Spannungsaspekte kann es mit dem erwünschen Kind nicht richtig klappen oder in einer Beziehung kann das Thema Kind einen Streitfaktor darstellen. Kunst und kreative Betätigungen sind in diesem Jahr möglich.

Venus in der Jungfrau oder im 6. Haus. Venus wirkt in diesem Feld beschützend für die Gesundheit. Bei Spannungsaspekten können gesundheitliche Unstimmigkeit für Beschwerden sorgen. Wir spüren das Bedürfnis bei der Arbeit eine harmonische Zeit zu erleben und versuchen deswegen, uns von jedem Konflikt fernzuhalten.

Venus in der Waage oder im 7. Haus. Diese ist eine typische Venus-Stellung für eine Verlobung oder eine Eheschließung. Spannungsaspekte führen trotz anfänglichen Zweifeln zu einer festen Art der Beziehung. Im Arbeitsbereich kann eine Gesellschaft oder eine Genossenschaft gegründet werden.

Venus in Skorpion oder im 8. Haus. Eine riskante erotische Beziehung kann sehr spannend, aber auch gefährlich werden. Bei den harmonischen Aspekten kann ein Erbe als erfreuliche Nachricht erlebt werden. Bei disharmonischen Verbindungen wird der erhoffte Nachlass nicht eintreffen oder er kann unter den Erwartungen liegen.

Venus in Schützen oder im 9. Haus. Reisen werden als sehr angenehm erlebt. Dieses Jahr kann eine lang erwünschte Reise endlich stattfinden. Bei disharmonischen Konstellationen entstehen bei Reisen Unstimmigkeiten. Wir entdecken die Liebe für die Philosophie oder für alle Disziplinen und Wissensbereiche, die den Horizont erweitern.

Venus in Steinbock oder im 10. Haus. Erfolg und Anerkennung auf der gesellschaftlichen Ebene und in der Öffentlichkeit sind begünstigt. Diese Stellung von Venus ist eine gute Voraussetzung für berufliche Erfolge und für die Karriere. Spannungsaspekte können Situationen beeinflussen, die kompromittierend für die Karriere sind.

Venus in Wassermann oder in 11. Haus. Beziehungen funktionieren gut, wenn sie frei und ungezwungen gelebt werden. Es ist eine gute Kombination für Freundschaften und für alle Gruppenaktivitäten. Zukunftsvisionen sind positiv und hoffungsvoll.

Venus in den Fischen oder im 12. Haus. Es können sich heimliche Beziehungen ergeben. Oder eine Verbindung darf nicht in der Öffentlichkeit gelebt werden und wird deswegen geheim gehalten. In diesem Jahr fühlen wir uns in der Einsamkeit glücklich, wir brauchen Abstand von der äußeren Welt, um wieder in Einklang mit uns selbst zu kommen.

Mars im Solarhoroskop

Mars im Solarhoroskop zeigt sich mit einer rasanten Auswirkung. Die äußeren Umstände können uns zu schnellen Reaktionen herausfordern, die als Angriff oder Abwehr entstehen. Manche Begebenheiten verlangen in diesem Jahr von uns ein schnelles Handeln und Entscheidungskraft. Das Zeichen und das Haus, wo Mars im Solar platziert ist, symbolisieren Themen und Reaktionen, bei denen wir die Anwendung von viel Energie benötigen. Mars wird im Solar gedeutet, wenn er am AC steht, oder in einer anderen dominanten Stellung, wenn einen Aspekt zu der Sonne bildet, wenn er der Herrscher des AC ist oder wenn Wiederholungen zwischen Radix- und Solar-Konstellationen vorhanden sind.

Mars in Widder oder im 1. Haus. Kann die Aggressivität oder die Reizbarkeit verstärken. Einige Situationen oder Personen können entweder als nervig oder als herausfordernd empfunden werden. Einige Konflikte mit unserer Umwelt kommen an die Oberfläche.

Mars in Stier oder im 2. Haus. Viel Energie wird aufgewendet, um Geld zu verdienen oder Besitz zu erwerben. Wenn Mars ungünstig aspektiert ist, kann dies Streit wegen finanziellen Angelegenheiten entfachen. Ein Jahr des raschen Verdienens und des schnellen Ausgebens. Geld kann für Renovierungen investiert werden.

Mars in den Zwillingen oder im 3. Haus. Streit mit Geschwistern oder mit Verwandten und Nachbarn ist möglich. Dispute über den Zaun sind für diese Kombination typisch. Tratsch über uns kann sehr ärgerlich sein. Bei harmonischen Aspekten begünstigt Mars lebendige Gespräche und regen Austausch.

Mars in Krebs oder im 4. Haus. Dieses Jahr verläuft in der Familie sehr bewegt. In die familiären Angelegenheiten wird viel

Kraft investiert. Bei herausfordernden Aspekten sind Streit und unangenehme Stimmung angesagt. Wir lösen uns heftig von familiären Bindungen, um unsere Unabhängigkeit durchzusetzen.

Mars in Löwe oder im 5. Haus. Steht Mars disharmonisch in diesem Feld, sollen wir beim Glückspiel keine Risiken eingehen, es geht mit Sicherheit schief. In dem Haus der Kinder und der Sexualität intensiviert sich das sexuelle Begehren, gewünschte und nicht gewünschte Schwangerschaft kann die Folge sein. Hobbys haben dieses Jahr eine Mars-Natur.

Mars in der Jungfrau oder im 6. Haus. Gesundheitliche Beschwerden betreffen die Muskulatur, den Kopf, die männlichen Geschlechtsorgane, die Zähne und es können sich entzündliche Vorgänge im Körper ergeben. Viel Energie wird in die Suche nach der richtigen Kur oder Diät investiert. Auch die Arbeit verlangt von uns Kraft und Mut.

Mars in der Waage oder im 7. Haus. Das Jahr verspricht viel Bewegung in der Beziehung zu den anderen. Die Partnerschaft fordert viel Einsatz und um sie zu retten, müssen die Beteiligten viel Energie in investieren. Wir können Menschen begegnen, die sehr dynamisch, dominant und kämpferisch sind.

Mars in Skorpion oder im 8. Haus. Wir verspüren starke sexuelle Energie und die sexuellen Begegnungen können eine transformative Kraft in uns wecken. Konflikte und Streit wegen einer Erbschaft oder einem Nachlass werden zum Leitmotiv in diesem Jahr.

Mars in Schütze oder im 9. Haus. Die Reisen sind abenteuerlich und manchmal anstrengend. Viel Energie wird in die Erkundung von fremden Ländern hineingesteckt. Dispute wegen Religion oder weltanschaulichen Themen verursachen Konflikte.

Mars in Steinbock oder im 10. Haus. Unsere Ambitionen oder unsere Ziele werden unter dem Einsatz von viel Energie erreicht. Dieses Jahr können Konflikte mit dem Chef oder mit der Führung entstehen, die die Lust nach einer unabhängigen Tätigkeit verspüren lassen. Bei disharmonischen Aspekten kann unser Ruf beschädigt werden. Neid bei der Arbeit ist nicht zu unterschätzen.

Mars in Wassermann oder im 11. Haus. Freundschaften können zum Spielraum für Konflikte werden, große Ehrlichkeit und Direktheit ist wichtig, um diese Konflikte zu lösen. Bei Gruppenaktivitäten herrscht die Mars-Energie.

Mars in den Fischen oder im 12. Haus. Geheim gehaltene Aktivitäten spielen dieses Jahr eine Rolle. Heimliche sexuelle Affären bleiben geschützt bei den harmonischen Aspekten, bei Quadraten oder Oppositionen dagegen besteht die Gefahr, dass sie aufgedeckt werden. Ein Aufenthalt im Krankenhaus wegen eines chirurgischen Eingriffs könnte möglich sein.

Lilith und Chiron

Lilith und Chiron können als Solar-Faktoren Auslöser für eine schon im Geburtshoroskop vorhandene Thematik werden. Wenn diese Prinzipien im Solar dominant sind (z.B. am AC, MC, DC, IC oder im Aspekt zur Sonne), können sie mit ihren Entsprechungen das Jahr färben. Nehmen wir eine Thematik, die schon im Radix vorhanden ist, als mögliche Auslösung: Lilith steht im Geburtshoroskop im 6. Haus. Außerdem hat der Horoskopeigner dazu Sonne Trigon Uranus. Es ist eine Person, die gern sich frei bewegen möchten, ohne zu viele Zwänge und Verpflichtungen. Sie möchte unabhängig sein – auch in der Ausübung des eigenen Berufes (Lilith im 6. Haus). Wenn Lilith im Solar wieder im 6. Haus platziert ist und eine Verbindung zu Sonne oder Uranus aufweist, besteht die Möglichkeit, dass der Schritt zur Selbstständigkeit im Beruf erfolgen kann.

Noch ein Beispiel mit Chiron: Eine Person hat im Geburtshoroskop Chiron im 10. Haus in Trigon zur Sonne. Tendenziell ist die Möglichkeit vorhanden, als Berufung sich im Bereich der Heilung (Mediziner, Heilpraktiker, geistige Heilung) zu betätigen. Das Solarhoroskop zeigt Chiron in Konjunktion zu MC und im Aspekt zu dem Herrscher des 6. Hauses (Feld der Gesundheit). In diesem Jahr kann die Entscheidung für ein Studium oder eine Ausbildung in einem medizinischen Beruf fallen.

Lilith-Entsprechungen

Das Prinzip der unerfüllten Wünsche. Die Stellung von Lilith im Solar kann auf ein Thema hinweisen, das uns als erstrebenswert erscheint, aber dieses Jahr keine Erfüllung findet. Entweder ist das, was wir uns wünschen, unrealistisch für den Augenblick oder es kostet zu viel Kraft und lohnt sich nicht, es zu verfolgen.

Rebellion. Die aktuellen Verhältnisse schränken uns stark ein oder eine Person versucht uns zu unterdrücken. Wenn Lilith dominant im Solar steht, ist das Streben nach Emanzipation und Unabhängigkeit so stark zu spüren, dass wir mit Auflehnung reagieren.

Anstoß zur Veränderung. Eine starke Betonung von Lilith im Solar, zusammen mit Sonne/Uranus oder Sonne/Pluto im Aspekt, ist ein Anzeichen dafür, dass die Zeit für Veränderungen und Umwandlung reif ist.

Kreative Rebellion. Der Kampf für die Freiheit und das Lernen, »nein zu sagen«, befreit uns von verstrickten Situationen, die nicht mehr in unser Dasein passen. Die Befreiung aus Abhängigkeiten ist eine Voraussetzung, wenn Lilith im Solar mit ihrem Einfluss prägend ist.

Anziehung/Ablehnung. In diesem Jahr sind Begegnungen mit Menschen möglich, die auf uns einen sehr faszinierenden Eindruck machen, die zugleich aber auch etwas an sich haben, das wir nicht ganz so mögen. Es entsteht ein Empfinden von Sich-angezogen-fühlen und gleichzeitig ist auch eine Ablehnung zu verspüren.

Machtkämpfe zwischen Mann und Frau (oder zwischen Partnern). In dem ersten Mythos der Schöpfung von Mann und Frau konnte das erste Paar nicht friedlich miteinander leben, denn Adam versuchte Lilith zu unterdrücken und sie reagierte mit Auflehnung. Solarjahre mit Lilith am DC oder in Aspekt zu den Partnerschaftsplaneten können für persönlichen Beziehungen sehr turbulent werden.

Die dritte Person in einer Partnerschaft. Die Wiederholung im Solar mit Lilith im 7. Haus kann symbolisieren, dass eine dritte Person die bestehende Partnerschaft bedroht. Es kann sich um eine außereheliche Verbindung handeln.

Initiationserfahrungen. Wir können in den Jahren mit einer dominaten Lilith im Solar an Erfahrungen teilhaben, die für uns eine Offenbarung sind. Sie können mystischer Natur sein oder uns auch tief psychologisch verändern.

Skandale. Lilith dominant am MC kann zu der Entdeckung von etwas führen, das einen Skandal verursacht. Lügen und krumme Geschäfte werden vielleicht in der Öffentlichkeit aufgedeckt.

Chiron-Entsprechungen

Verletzen oder verletzt werden. Wenn in einem Solarhoroskop Chiron in Verbindung mit den persönlichen Planeten, mit dem AC oder mit dem DC steht, besteht die Wahrscheinlichkeit, dass wir in diesem Jahr in Berührung mit seelischen Inhalten kommen, die mit Schmerz erfüllt sind, es erfolgt daher eine *Auseinandersetzung mit der inneren Wunde.* Oftmals kann vorkommen, dass wir andere Menschen Verletzungen zufügen müssen, um uns selbst zu heilen.

Heilung. In den Jahren, in denen wir uns sehr mit unserer Vergangenheit beschäftigen, besonders mit Zuständen in der Kindheit, deren Erinnerung noch Schmerz verursacht, besteht auch die Möglichkeit, Heilung zu erfahren. Die Lösung ist die *Aussöhnung* auf innere Ebene mit den Umständen, die damals zu dem Schmerzen führten. *Die Annahme von alten schmerzhaften Erfahrungen* als ein Teil von unserer Biografie ist notwendig, um Frieden mit unserer Vergangenheit zu schließen. Wenn wir akzeptieren, dass kein Leben frei von schmerzlichen Erfahrungen ist und dass sie uns zu Wachstum auf seelischer Ebene verhelfen, sind wir ihnen nicht mehr ausgeliefert und lernen mit ihnen umzugehen.

Erlösung. Chiron im Solar in einer dominanten Stellung kann auch als Thema die Erlösung aus Lebensbedingungen, die überholt und schädlich sind, anzeigen. Pluto- oder Uranus-Transite zu der Sonne begleiten diesen Prozess.

Wiederholungszwänge. Wenn gleichzeitig im Solarhoroskop neben Chiron-Energie auch die Kraft von den Aspekten oder Transiten von Pluto, Uranus und Lilith wirksam ist, besteht die Chance, uns bewusst über unsere Verhaltensweisen zu werden, die sich schon in der Vergangenheit zeigten, und zu der gleichen

Art der Schwierigkeiten führten. Auf unerlöster Ebene kann die Energie von Chiron jedoch in diesem Solarjahr vermehrt zu solchen sich wiederholenden Mustern führen.

Widersprüchlichkeit. Die Energie von Chiron bringt uns in Beziehungen und in unseren Verhaltensweisen in widersprüchlichen Situationen. Oft ist es kompliziert, uns klar und deutlich für etwas zu entscheiden.

Krankheit. Wenn Chiron eine wichtige Rolle im Solar spielt, müssen wir lernen und akzeptieren, dass vollständiges Wohlergehen ein hoher Anspruch ist und dass uns der Körper immer wieder mit Symptomen daran erinnert, dass wir nicht von göttlicher Natur sind.

Verlust. Wenn Chiron im 8. Haus des Solars platziert ist und diese Stellung als Radix-Platzierung oder als Transit sich wiederholt, ist es ein Jahr, in dem wir lernen müssen, mit Verlusten umzugehen. Wir können Trost von den Menschen, die uns lieben, erfahren und uns Zeit und Freiraum nehmen, um unsere Kräfte wieder zu sammeln, ohne uns unter Druck zu setzen. Trauer braucht Zeit. Dieses Solarjahr kann als Auszeit empfinden werden.

Spirituelle Reise und kreative Prozesse. Chiron ist in der Astrologie der Archetyp des inneren Führers, der uns zu intensiven Seelenreisen begleitet. In einem Jahr, in dem Chiron als wichtiger Solar-Faktor wirkt, erleben wir Erfahrungen, die uns transformieren. Es können religiöse Rituale, die uns die Verbundenheit mit dem gesamten Kosmos vermitteln. Rituale sind nicht nur religiöser Natur – wir können sie auch überall erleben, wo etwas ganz Besonderes stattfindet, auch in den kreativen Prozessen.

Die Mondknoten in Konjunktion zu den kardinalen Ecken: Die Lernlektionen des Jahres

Im Solarhoroskop sind die Stellung der Mondknoten am AC/DC und am MC/IC und in den Kardinal-Häusern von Bedeutung. Sie symbolisieren die Themen, die in Ich/Du und Gesellschaft/Privatsphäre hervorgehoben sind. Wo der Südknoten steht sind überholte Themen, die an Wichtigkeit verlieren, symbolisiert. Der Nordknoten zeigt, welche Lernlektionen für unsere zukünftige Zeit von Bedeutung sein werden und welche Themen wir entwickeln sollen. Falls sich als Transit eine Mondknoten-Wiederkehr abspielt, soll die Mondknotenachse im Solar in den Häuser gedeutet werden, wo sie sich befindet (auch wenn sie nicht in Konjunktion zu den Kardinalachsen steht). Selbst wenn die Mondknotenachse im Solar in den gleichen Häusern wie im Radixhoroskop platziert ist, soll die Deutung für diese Wiederholung einbezogen werden.

Aufsteigender Mondknoten in Konjunktion zum AC, absteigender Mondknoten in Konjunktion zum DC. In diesem Jahr geht es in erster Linie um unsere eigene Person. Es ist die Zeit in der wir einen gesunden Egoismus entwickeln und mehr auf unsere Ziele, Belange und Bedürfnisse achten sollen. Dieses Solarjahr wird ein Lebensabschnitt der Selbstentdeckung werden. Wir sollen vermeiden, uns zu stark anzupassen und nicht ständig das tun, was andere von uns erwarten. Abgrenzung ist in Ordnung, wenn wir das Gefühl bekommen, zu stark in Anspruch genommen zu werden. Es ist an der Zeit, dass wir lernen, uns zu durchsetzen und frei von Schuldgefühlen unseren Weg gehen.

Aufsteigender Mondknoten in Konjunktion zum DC, absteigender Mondknoten in Konjunktion zum AC. Es ist an der Zeit zu lernen, kompromissbereiter zu werden. Wir werden erfahren, dass es nicht alles nach dem eigenen Kopf gehen darf, wir sollen versuchen, Rücksicht auf andere zu entwickeln, ihre Wünsche sind genauso wichtig wie unsere. Es kann ein Jahr der vielen Begegnungen werden. Die anderen widerspiegeln unsere Bedürfnisse und machen uns bewusst, was wir gern wären und werden wollen. Das Geben und Nehmen werden geübt und was wir unbedingt lernen sollen ist, auch annehmen zu dürfen.

Aufsteigender Mondknoten in Konjunktion zum MC, absteigender Mondknoten in Konjunktion zum IC. Die Familie hat uns bis jetzt Geborgenheit vermittelt, dieses Jahr wird dieses Gefühl der Sicherheit erdrückend, das Leben mit seinen vielen Herausforderungen ruft uns. Wir spüren sehr stark den Wunsch, das Vertraute hinter uns zu lassen und Neuland zu entdecken. Wir möchten die Verantwortung für uns allein übernehmen und versuchen, ohne familiäre finanzielle Unterstützung unsere Ziele zu verwirklichen und einiges zu riskieren, um unsere Pläne in die Tat umzusetzen. Wir fühlen sehr stark den Ruf von etwas, das unsere wahre Berufung werden könnte und das sich von den Erwartungen unserer Familienangehörigen unterscheidet.

Aufsteigender Mondknoten in Konjunktion zum IC, absteigender Mondknoten in Konjunktion zum MC. Wenn wir uns in den letzten Jahren mehr um unsere weltlichen Ziele gekümmert haben und die ganze Energie für die berufliche Verantwortung aufgewendet haben, steht für dieses Jahr unser Innenleben im Fokus. Was wir lernen müssen, ist, unsere Gefühle zu spüren, sie auszuleben und zu vermitteln. Eine Aufgabe besteht darin, andere zu umsorgen, ihnen ein Sicherheitsgefühl zu vermitteln, aber auch bei unseren Gefühlen zu bleiben. Es muss ein Ausgleich gefunden werden zwischen der liebevollen Versorgung der Menschen, die uns brauchen, und dem Hüten und Beachten unserer eigenen seelischen Bedürfnisse.

Der Herrscher des Sonnenzeichens

Bei der Deutung von Solarhoroskopen spielt unter anderem der Herrscher des Aszendenten eine wichtige Rolle. Er ist der Geburtsherrscher und deswegen steht er sowohl im Geburtshoroskop als auch im Solarhoroskop als starke Energie für die Entfaltung der Persönlichkeit. Der Aszendent ist das Prinzip, das sehr wichtig für den Augenblick unserer Geburt ist, dessen Herrscher ist deswegen für die astrologische Deutung in Bezug auf den Verlauf des Lebens unbedingt zu berücksichtigen. AC und dessen Herrscher symbolisieren unser Ankommen auf dieser Erde.

Vor einigen Jahren habe ich mir die Frage gestellt, ob auch der Herrscher unseres Sonnenzeichens eine bedeutende Rolle bei der Deutung von Solarhoroskopen übernimmt. Da in dem Solar die wichtigste Rolle der Sonne zusteht, war ich neugierig zu erkunden, ob deren Herrscher auch Informationen liefert, die für das Jahr von Gewicht sind. Der Herrscher des Sonnenzeichens fordert mit seiner Energie die Entfaltung der Sonnenqualität. Ich bin überzeugt davon, dass der Planet oder die Planeten, die in unserem Sonnenzeichen ihr Domizil haben, auch im Solarhoroskop die Fähigkeit besitzen, die persönliche Entwicklung zu unterstützen, und nach mehreren Experimenten habe ich festgestellt, dass es sich lohnt, diesen Planeten bzw. diese Planeten auch im Solar zu untersuchen.

Das Zeichen, in dem ein Planet in Domizil steht, kann er seine Natur am besten entfalten und ausdrücken. Die Verwandtschaft zwischen Herrscher und Tierkreiszeichen ist nicht zu übersehen, denn das Zeichen trägt die Färbung von seinem Herrscher (auch die alten Herrscher sind gemeint) in sich, selbst wenn der Planet in einem anderen Zeichen platziert steht. Wenn die Sonne im Radix- oder im Solarhoroskop Aspekte von ihrem Herrscher empfängt, sind die Eigenschaften unseres Sonnenzeichens stärker betont. Der Herrscher der Sonne hat eine enge Verbindung mit ihrer Natur und steht stark in Verbindung zu unserem Identitätsgefühl. Er unterstützt die Entwicklung unseres Ichs und unseren Individuationsprozess auch als Transit-Planet oder als Solar-Planet.

Als Erstes habe ich die Rolle des Herrschers der Sonne in meinem eigenen Solarhoroskope für die Jahre, in etwas Wichtiges in meinem Leben passiert ist, angeschaut.

Ich möchte diese Beispiele zeigen, weil sie verblüffend sind. Mein Sonne-Herrscher ist Uranus, der eine dominante Stellung im Geburtshoroskop hat. Ich habe auch bei anderen Horoskopen festgestellt, dass, wenn der Herrscher des Sonnenzeichens im Geburtshoroskop sehr aktiv mit Aspekten ist oder in einer dominanten Stellung steht, dieser im Solarhoroskop deutlicher wirkt. Es ist nicht nur sein Haus-Besetzung von Bedeutung, sondern auch die Aspekte zu den Solar-Planeten.

Solar 1978 für Piombino. Uranus steht in Konjunktion zu dem Aszendenten und bildet ein Quadrat zu der Konjunktion von Sonne und Venus. Als Transit zum Radixhoroskop bildete Uranus ein Trigon zu Venus.

Auslösung: Nachdem ich eine alte Beziehung beendet hatte, traf ich meinen Mann, der Deutscher ist. Ich entschied mich, nach Deutschland auszuwandern und hier zu leben. Für mich war dies ein Jahr des Neubeginns.

Solar 1979 für Freiburg. Der Transit-Uranus war noch in Trigon zu Venus. Im Solar war Uranus in Konjunktion zu dem MC (im 9. Haus).

Auslösung: Durch eine wichtige Begegnung in Freiburg bin ich in Kontakt zu der Astrologie gekommen, die meine Berufung wurde.

Solar 1984 für Freiburg. Im Solar war Uranus im 7. Haus platziert. Als Transit stand Uranus in Sextil zu Sonne im 7. Haus-Radix.

Auslösung: Ich habe geheiratet.

Lianella Radixhoroskop
02.02.1956, 16:55 h, Piombino, Italien

Solar 1978

Solar 1979

Solar 1984

Solar 1985

Solar 1999

Solar 2000

Solar 1985 Solar für Freiburg. Im Solar befand sich Uranus im 5. Haus der Kinder im Trigon zum Solar-Aszendenten in Löwe. Als Transit stand Uranus im 5. Radixhaus und bildete ein Quadrat zur Radix-Venus.

Auslösung: Ich habe mich in diesem Jahr entschieden, ein Kind zu bekommen und wurde schwanger.

Solar 1999 für Lörrach. Im Solar stand Uranus im 2. Haus in Konjunktion zur Sonne und in Sextil zu Pluto. Astrologie uranussonn war meine Ressource Pluto Als Transit ist die Konjunktion im 7. Haus des Partners.

Auslösung: Mein Mann wurde arbeitslos (ein Jahr lang), ich war mit der Astrologie zuständig, als Hauptverdienerin die Familie zu unterstützen.

Solar 2000 für Lörrach: Uranus in Konjunktion zur Sonne im 12. Haus in Sextil zu Chiron/Pluto. Mars war in Konjunktion zum Solar-AC.

Auslösung: Aufenthalt im Krankenhaus wegen einer Operation.

Noch ein Beispiel von einer bekannten Persönlichkeit: Maria Montessori, geb. 31.08.1870 um 02:40 GMT Ancona. Herrscher des Sonnenzeichens ist Merkur.

Maria Montessori,
31.08.1870, 02:40 GMT Ancona, Italien

Solar 1907: Merkur stand in Konjunktion zu Venus und zur Sonne im 2. Haus in Trigon zu Mars/Uranus.

Auslösung: Maria Montessori öffnet 1908 (Solar 1907/08) in Mailand ihr eigenes Hauses CASA DEL BAMBINO. Merkur steht im. 2. Haus: Sie fand die Mittel, um ihr Projekt zu verwirklichen. Merkur ist in Konjunktion zu Venus, Herrscherin vom 4. Haus-Solar (Haus Räumlichkeiten). Merkur und Venus sind in Trigon zu Mars, dem 2. Herrscher von Skorpion. Skorpion ist im Solar an der Spitze von dem 5. Haus, dem Haus der Kinder.

Solar 1908

Solar 1907: Merkur stand in Konjunktion zu Venus und zur Sonne im 2. Haus in Trigon zu Mars/Uranus.

Auslösung: Maria Montessori öffnet 1908 (Solar 1907/08) in Mailand ihres eigenen Hauses *Casa del bambino.* Merkur ist im. 2. Haus: Sie fand die Mittel um ihr Projekt zu verwirklichen. Merkur ist in Konjunktion zu Venus, die Herrscherin von 4. Haus-Solar (Haus Räumlichkeiten). Merkur und Venus sind in Trigon zu Mars, der 2. Herrscher von Skorpion. Skorpion ist im Solar an der Spitze von dem 5. Haus, das Haus der Kinder.

Literatur

LIANELLA LIVALDI LAUN: Jahresthemen im Horoskop. Tübingen 3. Auflage 2010

LIANELLA LIVALDI LAUN: La rivoluzione solare, interpretazione e metodo. Torino 2016

LIANELLA LIVALDI LAUN. Lilith in Transit, der Schwarze Mond im Alltag. Tübingen 3. Auflage 2018

LIANELLA LIVALDI LAUN: Chiron in der Partnerschaftsastrologie. Tübingen 2005

DANIELA DI MENNA: Il ritorno solare, di un antico metodo previsionale astrologico. 2016

KAREN HAMAKER-ZONDAG: Solare – Die Deutung von Jahreshoroskopen. Tübingen 2. Auflage 2020

Über die Autorin

Lianella Livaldi Laun beschäftigt sich seit 1978 mit Astrologie und ist seit 1987 geprüfte Astrologin DAV mit eigener Praxis. Außerdem ist sie Korrespondentin und Mitarbeiterin des italienischen Astrologenverbandes CIDA. Ihre Veröffentlichungen erscheinen regelmäßig in italienischen, deutschen und amerikanischen Fachzeitschriften.

Sie ist Autorin zahlreicher Bücher u. a. *Lilith, die Begegnung mit dem Schmerz* (1994, 4. Auflage), *Jahresthemen im Horoskop* (1996, 3. Auflage), *Liebe und Eifersucht* (1997), *Transite und Träume* (1999), *Lilith im Transit* (2001, 2. Auflage), *Lilith in der Partnerschaft* (2002), *Liebesbeziehungen im Horoskop* (2004, 2. Auflage), *Chiron in der Partnerschaftsastrologie* (2005), *Stundenastrologie in der Partnerberatung* (2007), *Den eigenen Lebensplan bewusst gestalten* (2011), *Das Begegnungshoroskop* (2017) sowie *Entwicklungsaspekte im Horoskop* (2020).

Anschrift:
Lianella Livaldi-Laun,
Pestalozzistr. 35
79540 Lörrach-Stetten
lianella@yahoo.de
www.livaldi-laun.de

Aspekte der Astrologie

LIANELLA LIVALDI LAUN

Jahresthemen im Horoskop

Das Solar in sieben Schritten

106 Seiten, Paperback, 32 Abb.
ISBN 978-3-925100-25-3

Die Frage nach den zukünftigen Trends spielt in der Astrologie immer eine große Rolle. Neben der Beobachtung der Transite kommt dabei dem Solarhoroskop eine ganz besondere Bedeutung zu. Ein Solar wird auf den jeweiligen Geburtstag berechnet und ermöglicht die prognostische Vorschau auf das kommende Jahr. Die Autorin führt den Leser in sieben Schritten an die Deutung des Solars heran. Anhand zahlreicher Beispiele ermöglicht sie dem Leser die Ausarbeitung der Jahresthemen und berücksichtigt dabei auch die neuen Faktoren Chiron und Lilith. Einmalig ist ihre Einführung der Solartechnik in die Partnerschaftsastrologie. Dabei gelangt sie zu ganz neuen und für das wechselseitige Miteinander sehr fruchtbaren Ergebnissen.

»Alles in allem ein Buch, das als Basislektüre von Anfängern in Prognosetechniken, als auch als Anregungslektüre von Fortgeschrittenen und beratend tätigen Astrologen gelesen werden kann.«

Astrologie Heute 166/2013

CHIRON VERLAG

Standardwerke der Astrologie

Lianella Livaldi Laun

Das Begegnungs-horoskop

Geburt und Entwicklung einer Beziehung

101 Seiten, Paperback, 17 Abb.
ISBN 978-3-89997-251-1

Auf den Zeitpunkt der ersten Begegnung kann man ein Horoskop erstellen. Darin erkennt man zunächst, welche Themen die Beteiligten verbinden. Aber auch, ob es in bestimmten Lebensbereichen zu Hemmnissen kommen kann. Weiterhin kann man aber vor allem beobachten, wie die Beziehung sich entwickeln wird. Ähnlich wie bei einem Geburtshoroskop kann man die Transite verfolgen und sehen, welche äußeren Einflüsse vorhanden sind. Dies gilt für Liebensbeziehungen, die Eltern-Kind-Beziehung oder auch Geschäftsbeziehungen. Mit Deutungstexten zu allen Häusern und Planeten.

»Dank des vorliegenden, gut lesbaren Deutungsbuches gelingt es, die Hintergründe und Muster einer Beziehung leichter zu entschlüsseln und die Hauptthemen zu erkennen. Das Buch ist sehr lesenswert und lädt zum Experimentieren ein.«

Astrologie Heute 189/2017

CHIRON VERLAG

Standardwerke der Astrologie

LIANELLA LIVALDI LAUN

Den eigenen Lebensplan bewusst gestalten

Das Horoskop als Entwurf der Seele

127 Seiten, Paperback, 23 Abb.
ISBN 978-3-89997-196-5

Das Geburtshoroskop ist nichts anderes, als die symbolische Darstellung des Charakters, der Persönlichkeit und der möglichen Erfahrungen bezüglich dieser aktuellen Existenz. In ihm ist das angelegt, was im Leben verwirklicht werden soll. Deswegen gibt es für jede einzelne Reinkarnation ein spezielles Horoskop, das die neue Individualität erfasst. Der Charakter, der im Horoskop als Idealfall widergespiegelt wird, sollte aus den Erfahrungen, den Erinnerungen und den zwischenmenschlichen Begegnungen entstehen und den Geist bereichern. Unsere problematischen Erfahrungen sind dabei nicht weniger wichtig als die positiven und aufbauenden. Wir sind aufgefordert, das Horoskop bewusst zu leben, denn die konkreten Erfahrungen sind nicht vorherbestimmt. Aber das Leben hat nur einen Sinn, wenn der Betreffende den im Horoskop angelegten Plan umsetzt.

»Wegen des freien Blicks auf Karma und Reinkarnation lohnt die Lektüre dieses Buches schon an und für sich – und wer ›Deutungstechnik‹ sucht, kommt hier ebenfalls auf seine Kosten.«

sternZeit 49/2011

CHIRON VERLAG